日本の神さま 開運BOOK

あなたの守護神教えます

小坂達也

祥伝社

はじめに

あなたはどんな神様に守られているのか?

この本は、ある伝統的な統計学と、日本に古くから伝わる「八百万《やおよろず》の神」を組み合わせて、あなたの守護神が何か、その素質(本来の性格や特徴)はどのようなものかを記したものです。

突然ですが、今日本には、どのぐらいの神社があるかご存知ですか? なんと全国には、約八万の神社が存在します。コンビニエンスストアが約五万五千店舗ですから、かなりの数の神社がある、ということですね。

その神社に祀《まつ》られているのが日本古来のさまざまな神様、いわゆる「八百万の神」です。そしてその神々は決して全知全能ではなく、互いが足りないところを補い合いながら、この自然界を守っているといわれています。誰一人欠けてもいけない存在、それが私たちの神様なのです。

また、私たち人間と同様、誤解や嫉妬したりします。ドラマチックな日々を送り、離婚までしてしまうのです。私たち人間と何も変わりません。八百万の神様が登場する『古事記《こじき》』を深く読み解くと、さまざまな神様を見つけることができます。

その神様のうち、ある神様が持つ素質があなたにもあるとしたなら、その神様を知ることで、「自分はどう生きればいいか」が見えてくるはずです。

このあなたに似ている神様こそが「あなたの守護神」なのです。

そしてその神様が、あなたがいつも参拝している神社の神様だったら、不思議な縁を感じるはずです。

さらに、自分だけでなく、まわりの人の守護神を知ることで、人間関係を円滑にすることもできます。より豊かな人生を歩みたければ、自分やまわりの人の守護神がどの神様なのかを知り、その神様のことを学ぶ。そうすることで、あなたは自分らしく豊かな人生を生きることができるのです。

守護神の和魂《にぎみたま》と荒魂《あらみたま》とは

神道《しんとう》の概念に「一霊四魂《いちれいしこん》」という考えがあります。霊とは真理、魂とは意思のことを表わしています。ちょっと難しいのでわかりやすく説明しましょう。

私たちは自分の意思で手や呼吸を止めることができますが、心臓を止めることはできませんよね。自然に動いています。これを自然の真理といいます。つまり、人間の意志と自然の真理がつながってこそうまくいくのです。

また、「意志」である四つの魂とは、和魂、荒魂、幸魂《さきみたま》、奇魂《くしみたま》ですが、大きく二つに分けることができます。

それが和魂と荒魂です。

ひと言でいえば、和魂は、人間に恵みを与える有難い魂です。その一方で、荒魂は人間に災いをもたらす怖い魂です。

荒魂に含まれる神様が行動する時はどんな時でしょう？ 例えば雷神は雷を落とす時、風神は嵐を起こす時です。荒魂は災いをもたらす厳しい魂です。しかし、荒魂は決して悪ではありません。

嵐は人間にとって災いでも、自然界から見れば地球の淀《よど》んだ空気をきれいにしてくれる、ありがたい存在なのです。つまり、和魂と荒魂は善と悪ではなく、陰と陽の関係です。

例えばあなたが「頑固な人」だとしましょうか。それが原因で人に迷惑をかけることもあるでしょう。しかしその一方で、あなたの頑固さがもたらす固い意思が、大きな目的を達成するパワーになるかもしれません。

あなたの頑固さが、人に迷惑をかける「頑固な人」になるのか、「意志が強く目的を達成できる人」になるのかは、あなたの魂が穢《けが》れているか、清らかであるかで決まります。

この本に登場する二十四の神様のページには、【この守護神の特徴】という項目があり、そこに【和魂】と【荒魂】が記されています。

荒魂に思い当たる節があれば、それをどのようにして和魂に変えるかを考えれば、あなたは苦境に陥《おちい》ることはありません。しかし、決して和魂が正しいというわけでも、荒魂が悪いというわけでもありません。あなたの守護神は和魂だけでなく必要に応じて、荒魂を使う場合があります。

あなたの守護神の【荒魂】に書かれている素質を使った場合、誤解や嫉妬、不平や不満といったリスクを伴うことがあります。リスクを避けるためには、あなたの守護神の【和魂】に書かれている素質を取り戻すことです。そうやってバランスをとりながら、和魂と荒魂を使い分けましょう。

守護神は「斎《さい》」・「宝《ほう》」・「天《てん》」の三タイプに分けられる

それぞれの守護神名の近くには、【斎・宝・天】といういずれかの漢字が記載されています。この「斎」・「宝」・

「天」について解説しましょう。

この本に登場する二十四の守護神は、三つのタイプに分けることができます。それがこの「斎」・「宝」・「天」です。

自分の守護神や家族、友人、恋人、仕事関係の人の守護神が、どのジャンルに分けられるかを確認してみましょう。

自分やまわりの人の守護神がどのタイプかを知ることで、対人関係を円滑にすることができるので、人間関係や恋愛、ビジネスの交渉などにも役に立ちます。

この斎・宝・天は、八百万の神様であるアマテラスオオミカミがニニギノミコトに告げた神勅《しんちょく》（神様の命令のこと）、三大神勅が由来です。

斎とは【斎庭稲穂《ゆにわのいなほ》の神勅】と呼ばれるもので、「稲を育てることで民を繁栄させなさい」という意味を表わします。これは一言でいうと【経済】を表わしています。

宝は【宝鏡奉斎《ほうきょうほうさい》の神勅】と呼ばれます。これは、「民を苦しめるような自我があったなら取り除きなさい」という意味です。これは【教育】を表わしています。

三番目の天ですが、【天壌無窮《てんじょうむきゅう》の神勅】と呼ばれます。これは「君主としての自覚を持ちなさい」という意味で、一言で表現すると【政治】です。

言い換えると、【斎】タイプの人は「経済の人＝財を残すことに長《た》けている人」、【宝】タイプの人は「教育＝良い人材を残すことが得意な人」、【天】タイプの人は「政治＝名を残すことが得意な人」です。

つまり、私たち人間は大きく「斎」・「宝」・「天」に分けられ、これこそが平和と繁栄をもたらす原理原則なのです。

あなたがもし、人間関係に悩み、人とうまく付き合えないでいるとしましょう。それはこの「斎」・「宝」・「天」をベースに考えずに人間関係を築こうとしているからです。「斎」・「宝」・「天」をベースに人間関係を作れば、問題がなくなり、面白いように前に進むようになります。

ポイントとなるのは、「斎」・「宝」・「天」の三つのバランスを取ることです。そしてこのバランスは、みなさんおなじみの「ジャンケン」で説明することができます。

「斎」タイプは、結果を重んじて、無駄を切り捨てるので「✌」（チョキ）とします。

「宝」タイプは、小さくまとめて、大きく育てるので「✊」（グー）とします。

「天」タイプは、広げることから考え、行動するので「✋」（パー）としましょう。

もしあなたが「斎（✌）」タイプなら、他の二つはどういう関係になるでしょうか？　4ページ上の図－1のように、チョキはグーに負けますね。そしてグーはパーに負けます。さらにパーはチョキに負けてしまいます。

図－1

この流れは人間関係を厳しくします。

図－2

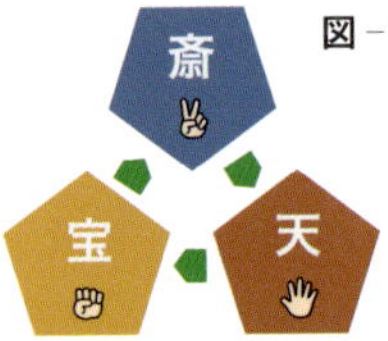

この流れは人間関係をスムーズにします。

図－3

しかし、これが逆の流れだったらどうでしょうか？

図－2のように、チョキであるあなたは、パーに勝ちます。そしてパーはグーに勝ち、グーはチョキに勝ちますね。

さて、これは何を意味するのでしょうか？

和合（わごう）の法則

もしあなたが✌（斎）だったらあなたは✊（宝）に負け続けることになります。ということは、✊（宝）の人間とは付き合わない、✊（宝）の人間を排除して✋（天）の人間だけと付き合えばいいのでしょうか？

答えは「ノー」です。

そうではなくて、✌（斎）のあなたは、✋（天）と協力して、✊（宝）と交渉すれば物事は上手く運びます。

つまり、✊より✌が弱いからといって敵対するのではなく、それと同時に✋も「自分は✌よりも弱い」と苦手意識を持たずにサポートに回れば、三者とも良好な人間関係を築くことができるのです（図－3）。

言い換えると、自分よりも弱い存在ほど大切に扱えば、あなたの徳をあなたの代わりに説いてくれる、ありがたい存在になるということです。そしてすべての人と和合することができるということです。これを【和合の法則】といいます。

ただし、双方にその関係性を築こうとする思いがあることが大切になります。だからこそ、互いの学びが必要になるのです。自分と相手のタイプを知ることで、さらに人間関係を円滑にすることが可能になるのです。

以下は、【斎タイプ】・【宝タイプ】・【天タイプ】それぞれのタイプが、どのような特徴を持っているかを抜粋したものです。8ページの説明を参照して自分の守護神を調べ、自分がどのタイプかを調べてから再度読んでみてください。

【斎タイプ】

夢を具体的にしたい／マイペース／結果や数字、形あるものを好む／競争して勝利を目指す／細かく具体的だと理解しやすい／財産や資産が大切／自分の世界の構築を目指す／コストパフォーマンスを重視／結論から話す／やり手と言われると嬉しい／几帳面／しっかり者／ムリをする

【宝タイプ】

目指すは人格者／お人好し／愛情、友情、情報が大切／揉《も》め事や争いが苦手／話が長い・前置きが長い／情や道理が大切／世のため人のために共生する／信頼関係を重視／「なぜ」「どうして」が多い／「素晴らしい」といわれると嬉しい／調和／うっかり者／ムダが多い

【天タイプ】

目指すは成功者／自由が好き／可能性のあることをすぐに実現したい／気分次第で動く／先へ先へと考える／資格や権威が大切／良いと思うことを世に広めたい／ステータスや肩書きを重視／話を聞いていない／「凄い」といわれると嬉しい／大ざっぱ／ちゃっかり者／ムラがある

さて、これをベースに自分がそれぞれのグループの人と、どうしたら上手に人間関係を築けるかを考えましょう。

たとえば、「斎タイプ」の人と人間関係を築くには、「自分の実力や結果」などをアピールすると効果的です。

また、「宝タイプ」の人であれば「本物にこだわり、情報や人脈を手に入れている自分」をアピールします。

そして「天タイプ」の人であるなら、「可能性を感じさせ、資格、交友関係が広い自分」をアピールするのです。

自分はどんなタイプの人と合うか?

9ページに書かれた方法で、自分の守護神は何かがわかりますが、その後にみなさんが気になることは、「私はど

①タケイワタツノミコト　②ニニギノミコト　③ゾウカサンシン　④ウカノミタマノミコト
⑤コノハナサクヤヒメ　⑥サルタヒコノミコト　⑦イワナガヒメ　⑧ムナカタサンジョシン
⑨オオクニヌシノオオカミ　⑩アメノタヂカラオノミコト　⑪ツクヨミノミコト　⑫コトシロヌシノカミ
⑬トヨウケノオオカミ　⑭アメノウズメノミコト　⑮アマテラスオオミカミ　⑯スクナビコナノミコト
⑰スサノオノミコト　⑱タケミナカタノカミ　⑲タケミカヅチノカミ　⑳ジンムテンノウ
㉑イザナキノミコト　㉒ヤガミヒメ　㉓イザナミノミコト　㉔スセリビメ

んな守護神の人と相性がいいんだろう？」ということではないでしょうか？

　そんな時に見て欲しいのが、上の表です。上の表は、「自分（自分の守護神）が、他の守護神とどういう関係か？」を表わした図です。この図の見方を説明しましょう。

　まず、9ページ以降の説明で自分の守護神を見つけて、該当ページに飛んでください。そこに書かれている「宝・斎・天」と数字を見ます。（たとえばあなたの守護神がゾウカサンシンだったら【斎－3】です）

　その守護神と、他の神様は次のような関係になっています。

あなたと同じ守護神…一緒にいて心地よい人

左右両隣りの守護神…友人
（ゾウカサンシンなら「天－3」と「宝－3」）

左右2つめの守護神…親友

左右3つめの守護神…緊張と試練

左右4つめの守護神…調和と恵み

左右5つめの守護神…腐れ縁

あなたの守護神から6つめの守護神…学び

この関係性を、人間関係を作り上げる参考にしてください。

「素質」と「性格」は違う

本書の方法で自分の守護神を知り、その特徴を読んだ人の中には「あまり当たっていない」「自分はこんな性格・特徴ではない」という人がいるかもしれません。

実はそんな人ほど活用できるのが本書なのです。なぜなら、その人が抱えているストレスは、自分の「性格・特徴」ばかりに目が行き、「素質」に目を向けていないことが原因だからです。

もし、あなたが自分の素質に逆らっていたとしたらどうでしょう？

本来は自分の想いを形にするのが得意なのに、人の想いを実現させるために動いていたり……。具体的に目に見える結果を上げるために頑張れる人なのに、目に見えない愛情や友情を優先しろと言われ続け、目に見えないものを一生懸命築こうとしてみたら……。

これはあなたが、親や先輩、恩師などの大きな価値観から影響を受けてしまった結果、生じる現象です。

「性格」と「素質」についてのお話をしましょう。

これは一つの考え方ですが、「性格」というのは、その人が生まれてから後天的に備わったものです。一方、「素質」というのは、その人に生まれながらに備わっている、先天的な特徴です。

本当の「素質」は違うのに、後天的な自分の「性格」が正しいと信じ込んでしまい、本来自分が持つ「素質」とは違う考え方をしたり、振る舞いを取ってみたりする結果、自分本来の「素質」とはかけ離れたことをしてしまう……。

そして「性格」ばかりに目がいってしまい、自分の「素質」を突きつけられると、「私はこんな性格ではない！」と反発してしまうのです。

本書で一度、あなたの「性格」ではなくて「素質」に目を向けてみてください。そしてそれを知り、「本当の自分らしさは何なのか？」「自分らしく生きるとは、どういうことか？」を考え直してみてください。

本書を読んで自分の守護神を知り、その「素質」を知り、そしてまわりの人たちの「素質」を知ってください。そうすれば、間違いなくあなたはあなたらしく、さらに人間関係も豊かにすることができるはずです。

本書の使い方

本書では、統計学に基づいて、
生年月日からその人の守護神を見つけることができます。
あなたの守護神はもちろん、家族、恋人、友人、先輩、
後輩の守護神もわかります。
あなたの守護神がわかれば、どういう神様に守られている
かがわかりますし、まわりの人の守護神がわかれば、
その人の特徴を知ることができるので、
人間関係が円滑になります。

**①まずは、1ページからはじまる「はじめに」を
お読みください。本書の考え方がわかります。**

◎

**②9ページを参考にして、
生年月日を元に調べたい人の守護神を割り出します。**

◎

**③本書には24の守護神が掲載されています。
②で調べた守護神の特徴を読むのはもちろん、周囲の人の守護神について知ることで、人間関係を深く
理解することができます。**

守護神の見つけ方

①調べたい生年月日を用意します。
（例 1975年8月30日 ※生まれた時間が23時以降なら翌日換算で計算）

②10ページからの［表1］から、その年と月の交わるところの数字を探します。
（例 1975年8月の数字は15）

③その数字と、調べたい生日の数字をプラスします。
（例 30日なので45となります）
もし、合計した数字が61以上になったら、60を引きます。
（例 合計した数字が75だったら、75－60＝15となります）

④出た数字と12ページの［表2］を照らし合わせ、守護神が何か調べます。調べたい対象が男性か女性かによって守護神が異なります。
（例 1975年8月30日生まれの人は45、その人が男性なら守護神は34ページで紹介しているウカノミタマノミコトとなります）

【表1】あなたの生まれた年、生まれた月は？

	1月	2月	3月	4月	5月	6月	7月	8月	9月	10月	11月	12月
1937	24	55	23	54	24	55	25	56	27	57	28	58
1938	29	0	28	59	29	0	30	1	32	2	33	3
1939	34	5	33	4	34	5	35	6	37	7	38	8
1940	39	10	39	10	40	11	41	12	43	13	44	14
1941	45	16	44	15	45	16	46	17	48	18	49	19
1942	50	21	49	20	50	21	51	22	53	23	54	24
1943	55	26	54	25	55	26	56	27	58	28	59	29
1944	0	31	0	31	1	32	2	33	4	34	5	35
1945	6	37	5	36	6	37	7	38	9	39	10	40
1946	11	42	10	41	11	42	12	43	14	44	15	45
1947	16	47	15	46	16	47	17	48	19	49	20	50
1948	21	52	21	52	22	53	23	54	25	55	26	56
1949	27	58	26	57	27	58	28	59	30	0	31	1
1950	32	3	31	2	32	3	33	4	35	5	36	6
1951	37	8	36	7	37	8	38	9	40	10	41	11
1952	42	13	42	13	43	14	44	15	46	16	47	17
1953	48	19	47	18	48	19	49	20	51	21	52	22
1954	53	24	52	23	53	24	54	25	56	26	57	27
1955	58	29	57	28	58	29	59	30	1	31	2	32
1956	3	34	3	34	4	35	5	36	7	37	8	38
1957	9	40	8	39	9	40	10	41	12	42	13	43
1958	14	45	13	44	14	45	15	46	17	47	18	48
1959	19	50	18	49	19	50	20	51	22	52	23	53
1960	24	55	24	55	25	56	26	57	28	58	29	59
1961	30	1	29	0	30	1	31	2	33	3	34	4
1962	35	6	34	5	35	6	36	7	38	8	39	9
1963	40	11	39	10	40	11	41	12	43	13	44	14
1964	45	16	45	16	46	17	47	18	49	19	50	20
1965	51	22	50	21	51	22	52	23	54	24	55	25
1966	56	27	55	26	56	27	57	28	59	29	0	30
1967	1	32	0	31	1	32	2	33	4	34	5	35
1968	6	37	6	37	7	38	8	39	10	40	11	41
1969	12	43	11	42	12	43	13	44	15	45	16	46
1970	17	48	16	47	17	48	18	49	20	50	21	51
1971	22	53	21	52	22	53	23	54	25	55	26	56
1972	27	58	27	58	28	59	29	0	31	1	32	2
1973	33	4	32	3	33	4	34	5	36	6	37	7
1974	38	9	37	8	38	9	39	10	41	11	42	12
1975	43	14	42	13	43	14	44	15	46	16	47	17
1976	48	19	48	19	49	20	50	21	52	22	53	23
1977	54	25	53	24	54	25	55	26	57	27	58	28
1978	59	30	58	29	59	30	0	31	2	32	3	33

	1月	2月	3月	4月	5月	6月	7月	8月	9月	10月	11月	12月
1979	4	35	3	34	4	35	5	36	7	37	8	38
1980	9	40	9	40	10	41	11	42	13	43	14	44
1981	15	46	14	45	15	46	16	47	18	48	19	49
1982	20	51	19	50	20	51	21	52	23	53	24	54
1983	25	56	24	55	25	56	26	57	28	58	29	59
1984	30	1	30	1	31	2	32	3	34	4	35	5
1985	36	7	35	6	36	7	37	8	39	9	40	10
1986	41	12	40	11	41	12	42	13	44	14	45	15
1987	46	17	45	16	46	17	47	18	49	19	50	20
1988	51	22	51	22	52	23	53	24	55	25	56	26
1989	57	28	56	27	57	28	58	29	0	30	1	31
1990	2	33	1	32	2	33	3	34	5	35	6	36
1991	7	38	6	37	7	38	8	39	10	40	11	41
1992	12	43	12	43	13	44	14	45	16	46	17	47
1993	18	49	17	48	18	49	19	50	21	51	22	52
1994	23	54	22	53	23	54	24	55	26	56	27	57
1995	28	59	27	58	28	59	29	0	31	1	32	2
1996	33	4	33	4	34	5	35	6	37	7	38	8
1997	39	10	38	9	39	10	40	11	42	12	43	13
1998	44	15	43	14	44	15	45	16	47	17	48	18
1999	49	20	48	19	49	20	50	21	52	22	53	23
2000	54	25	54	25	55	26	56	27	58	28	59	29
2001	0	31	59	30	0	31	1	32	3	33	4	34
2002	5	36	4	35	5	36	6	37	8	38	9	39
2003	10	41	9	40	10	41	11	42	13	43	14	44
2004	15	46	15	46	16	47	17	48	19	49	20	50
2005	21	52	20	51	21	52	22	53	24	54	25	55
2006	26	57	25	56	26	57	27	58	29	59	30	0
2007	31	2	30	1	31	2	32	3	34	4	35	5
2008	36	7	36	7	37	8	38	9	40	10	41	11
2009	42	13	41	12	42	13	43	14	45	15	46	16
2010	47	18	46	17	47	18	48	19	50	20	51	21
2011	52	23	51	22	52	23	53	24	55	25	56	26
2012	57	28	57	28	58	29	59	30	1	31	2	32
2013	3	34	2	33	3	34	4	35	6	36	7	37
2014	8	39	7	38	8	39	9	40	11	41	12	42
2015	13	44	12	43	13	44	14	45	16	46	17	47
2016	18	49	18	49	19	50	20	51	22	52	23	53
2017	24	55	23	54	24	55	25	56	27	57	28	58
2018	29	0	28	59	29	0	30	1	32	2	33	3
2019	34	5	33	4	34	5	35	6	37	7	38	8

【表2】割り出された数字と守護神

[表1の数字＋生日(−60)]						調べたい対象が男性の場合は以下の守護神	調べたい対象が女性の場合は以下の守護神
13	19	24	25	30	36	タケイワタツノミコト(16ページへ)	コノハナサクヤヒメ(40ページへ)
11	17	32	38			オオクニヌシノオオカミ(64ページへ)	トヨウケノオオカミ(88ページへ)
3	9	15	34	40	46	ニニギノミコト(22ページへ)	サルタヒコノミコト(46ページへ)
1	7	42	48			タケミナカタノカミ(118ページへ)	ヤガミヒメ(142ページへ)
5	44	50	53	56	59	アメノタヂカラオノミコト(70ページへ)	アメノウズメノミコト(94ページへ)
51	52	57	58			タケミカヅチノカミ(124ページへ)	イザナミノミコト(148ページへ)
6	43	49	54	55	60	ゾウカサンシン(28ページへ)	イワナガヒメ(52ページへ)
2	8	41	47			ツクヨミノミコト(76ページへ)	アマテラスオオミカミ(100ページへ)
4	10	16	33	39	45	ウカノミタマノミコト(34ページへ)	ムナカタサンジョシン(58ページへ)
12	18	31	37			ジンムテンノウ(130ページへ)	スセリビメ(154ページへ)
14	20	23	26	29	35	コトシロヌシノカミ(82ページへ)	スクナビコナノミコト(106ページへ)
21	22	27	28			スサノオノミコト(112ページへ)	イザナキノミコト(136ページへ)

あなたの守護神は、どの神様？

12ページで割り出した、あなたの守護神は、どんな姿をしているでしょうか？
確認してみましょう。そしてその守護神の特徴などを見てみましょう。

斎

1 タケイワタツノミコト（建磐龍命）
16ページ
タイプは【斎－1－男】（チョキ）
〈火山を制し、恵みを与える神〉

2 ニニギノミコト（瓊瓊杵命）
22ページ
タイプは【斎－2－男】（チョキ）
〈三大神勅を仰せつかった神〉

3 ゾウカサンシン（造化三神）
28ページ
タイプは【斎－3－男】（チョキ）
〈平和と繁栄の神〉

4 ウカノミタマノミコト（倉稲魂命）
34ページ
タイプは【斎－4－男】（チョキ）
〈民の心をつかんだ御利益の神〉

5 コノハナサクヤヒメ（木花咲耶姫）
40ページ
タイプは【斎－1－女】（チョキ）
〈桜のように咲き、桜のように散る美人薄命の女神〉

6 サルタヒコノミコト（猿田彦命）
46ページ
タイプは【斎－2－女】（チョキ）
〈神出鬼没の天狗と呼ばれた神〉

7 イワナガヒメ（磐長姫）
52ページ
タイプは【斎－3－女】（チョキ）
〈真の豊かさを持つ神〉

8 ムナカタサンジョシン（宗像三女神）
58ページ
タイプは【斎－4－女】（チョキ）
〈外交の要を託された美人三姉妹の神〉

宝

9
オオクニヌシノオオカミ（大國主大神）
タイプは【宝－1－男】（グー） 64ページ
〈意志を貫き通した神〉

10
アメノタヂカラオノミコト（天手力男命）
タイプは【宝－2－男】（グー） 70ページ
〈力みなぎる怪力の神〉

11
ツクヨミノミコト（月夜見尊）
タイプは【宝－3－男】（グー） 76ページ
〈闇に光を届け導く神〉

12
コトシロヌシノカミ（事代主神）
タイプは【宝－4－男】（グー） 82ページ
〈「恵比寿様」と呼ばれた神〉

13
トヨウケノオオカミ（豊受大神）
タイプは【宝－1－女】（グー） 88ページ
〈尊い神に信頼された神〉

14
アメノウズメノミコト（天鈿女命）
タイプは【宝－2－女】（グー） 94ページ
〈神事芸能の神楽の祖神〉

15
アマテラスオオミカミ（天照大神）
タイプは【宝－3－女】（グー） 100ページ
〈自然界に与え続ける尊い神〉

16
スクナビコナノミコト（少彦名命）
タイプは【宝－4－女】（グー） 106ページ
〈国作りを支えた寸法師〉

天

17 スサノオノミコト（素戔男尊）

112ページ

タイプは【天－1－男】（パー）

〈人一倍家族思いの心優しき神〉

18 タケミナカタノカミ（建御名方神）

118ページ

タイプは【天－2－男】（パー）

〈決意の力により勇気を与えた神〉

19 タケミカヅチノカミ（建御雷神）

124ページ

タイプは【天－3－男】（パー）

〈武力に頼らない徳の武神〉

20 ジンムテンノウ（神武天皇）

130ページ

タイプは【天－4－男】（パー）

〈私を捨て公に生きる神〉

21 イザナキノミコト（伊耶那岐命）

136ページ

タイプは【天－1－女】（パー）

〈愛がもたらした代償と闘った神〉

22 ヤガミヒメ（八上姫）

142ページ

タイプは【天－2－女】（パー）

〈正直で実直な神〉

23 イザナミノミコト（伊耶那美命）

148ページ

タイプは【天－3－女】（パー）

〈命と引き換えに神を生んだ女神〉

24 スセリビメ（須世理姫）

154ページ

タイプは【天－4－女】（パー）

〈愛を一身に受けた女神〉

タケイワタツノミコト（建磐龍命）

タイプは【斎－1－男】（チョキ）

独自の発想と信念を持って我が道を行き続けるあなたの素質は、阿蘇で農耕地を作った開拓の神様であるタケイワタツ（ノミコト）です。

【この守護神の特徴】

〈和魂〉（あなたの強み）
独自的で自信家／正直者／思いやりがあって親切／アイデアが豊富／超マイペースで独自性を追求

〈荒魂〉（気をつける点）
理屈っぽい／真面目で頑固／臨機応変な対応が苦手／初対面ではとっつきにくい／ぶっきらぼう

【あなたの素質】

偏《かたよ》りのない常識的な考え方と、人情や同情に左右されない態度の持ち主です。その態度が、周囲にクールと感じられてしまいますが、本当は人当たりが良く親切で優しい正直者です。

冷静で客観的に物事を判断したうえで、率直な言動は、誤解を招いてしまうことがあります。やや、言葉足らずの面も影響しており注意が必要です。

スムーズな対人関係を築くための器用さにやや欠ける面があり、周囲とは一定の距離を置いた付き合いをします。けれども、あなた自身が「変わり者」や「変人」と呼ばれることを「良し」としている部分もあります。

そのせいか、人真似ではなく、自分にしかできないことを追求していくことにこだわります。ややワンマンの気質があります。そして、時代を見通す洞察力に優れ、物事をじっくり考えて論理的な判断で行動します。あなたは、自分の価値観、着想力に自信を持ち、新しいものを生み出すアイデアを大切にしています。「我が道を行く」あなたは、決して自分のペースを崩すことはありません。本質的には素朴で律儀な人柄です。

【人生における強みと得意分野】

- 他人の満足よりまず自分の満足を優先します。
- 無駄を嫌い、コストパフォーマンスを重要視します。
- 得意分野はお金を稼ぐ、儲ける、具体的な形を創ることです。
- 物品購入の意思決定（優先順位）は「安くてお得」です。
- 独自性の追求を忘れず、納得するまで熟慮し、出した結論は自信を持って実行します。
- 中長期的な視点に立って物事を計画し、目的に向かってステップを踏み、一歩一歩近づいていくタイプです。
- マイペースでオンリーワン、ナンバーワンを目指します。

【人間関係】

まわりに左右されないための競争力をつけるため、切磋琢磨できるライバル、実力のある人、財産家と付き合いたいと考えます。そして、本音で話し合える関係を求めるタイプです。自分も相手も本音で物がいえる関係を歓迎します。いいたいことはどんなことでもはっきり伝えたほうが深い関係を築けると考えています。

【仕事観】

納得いくまで考え、大きな視野に基づいた企画に携わる。

【金銭観】

他人が持っていない希少価値のものに浪費しがち。

【恋愛・結婚観】

相手には特にこだわらず、自分のペースで付き合う／じっくりとさまざまな角度から考え納得できる相手を求める

【好きなタイプ】

自分のペースを大切にしてくれる人／明確な目的を持っている人／頑張っている人／時間、タイミングを大切にしている人／できる人／やり手／稼げる人

【この守護神の著名人】

所ジョージ／石坂浩二／野村克也／渡辺謙／池上彰

二宮和也／尾崎豊／西田敏行／上田晋也／桜井和寿

玉置浩二／ジャッキー・チェン

【あなたは人生をどう生きるべきか】（総括）

あなたは、想像力、創造力に富み、人がやらないようなアイデア提起が得意です。

物事に対してきちんと納得しないと行動を開始しないので、初動こそ遅いのですが、一度決めたら最後までやり抜きます。初志貫徹型です。

しかし、まわりの環境との調和を図って、調整するような器用さを持ち合わせていません。また、不測の事態に見舞われた場合、どう対処するか即断即決ができないタイプです。急な環境の変化を苦手にしています。

意思決定にはじっくり時間をかけて、納得してから答えを出すタイプです。他人の意見に従って失敗した時、後悔することになります。まわりに誤解を与えないように気をつけて自分のペースを守りましょう。

あなたは、世間の常識や既存のルールにとらわれない独自性を備えています。何事においてもありふれたものでは満足できません。

仕事に関しては、人真似が嫌いなので、ユニークな商品の開発、斬新なプランやデザインの提案など、とにかく他が真似できないことをやっていきたいと考えます。

「ユニークな存在でありたい」と考えるあなたは、「変わった人」が好きです。「変わっていると好かれる」と思い込んでいる節さえあります。まわりには、そうした人物と距離を置きたがる人がいることも覚えておいたほうがいいでしょう。迎合する必要はありませんが、敵対するのも得策ではありません。

あなたは、臨機応変の対応や、即断即決は苦手ですが、自分で熟考して、納得の上での行動には誰よりも自信を持っています。人生に大切なことは、マイペース、バランス、一歩一歩、独自性、頭で勝負、ナンバーワンを目指すことと考えています。

頭を使って、世の中の動き、変化を観察しながら、そこにオリジナリティを加えることができます。

あなたは、時代の流れを読む洞察力に優れ、斬新なアイディアを提案し、それを実現していく組織の参謀的役割が適任です。

マネジメントにおいては、まずビジョン、可能性を優先させるタイプで実績重視型です。仕事の全体像、終着点を理解したうえで、その時にやるべきことをやっていくタイプです。

【守護神からのメッセージ】

【和魂】（あなたの調子がいい時）

先導者／困っている人を助ける

・・・・・・・・・・・・・・・・・・・

困っている人のために立ち上がることで、大きな信頼を勝ち取ることができます。また、問題だけに囚《とら》われず課題に取り組むことで、問題を未然に防ぐこともできるでしょう。しかし、人を成長させるのは失敗した時です。その学びから手立てを考えることも大切です。

【荒魂】（あなたの課題点）

再生／手放すことで新たな物を得る

・・・・・・・・・・・・・・・・・・・

再生の時です。当たり前のようにあったものを突然失うかもしれません。仕事や恋愛など、環境が変わる時です。必然と受け止め、前へ進みましょう。失ったものに執着せず、必要な出来事だと受け止めることが大切です。その気づきが成長へとつながります。

【この神様が祀られている神社】

阿蘇神社（熊本県阿蘇市）／阿蘇山上神社（熊本県阿蘇市）／国造神社（熊本県阿蘇市）／草部吉見神社（熊本県阿蘇郡高森町）／三谷神社（島根県出雲市）／北岡神社（熊本市西区）／阿蘇神社（福岡市城南区）／若宮神社（熊本県下益城郡美里町）／穂積阿蘇神社（熊本県下益城郡美里町）／豊福阿蘇神社（熊本県宇城市）／小木阿蘇神社（熊本市南区）／宮地神社七所宮（熊本市南区城南町）／健軍神社（熊本市東区）／阿蘇神社（岐阜県羽島市）／阿蘇神社（東京都羽村市）／青井阿蘇神社（熊本県人吉市）／大川阿蘇神社（熊本県上益城郡山都町）／小一領神社（熊本県山都町）／男成神社（熊本県上益城郡山都町）／御馬下阿蘇神社（熊本市北区）／渡阿蘇神社（熊本県球磨郡）他

タケイワタツノミコトとはどんな神様か

――火山を制し、恵みを与える神――

タケイワタツは阿蘇山を制する神様。阿蘇山というと、誰でも真っ先に煙が上がっている火山口を想像します。

しかし、実際の火山口は阿蘇カルデラ全体です。その大きさは世界でも有数です。世界で二番目とされています。そんな巨大なカルデラに鉄道を引き、五万人もの人が暮らしている例は阿蘇山をおいて世界に例を見ません。このカルデラは約九万年前に最後の大噴火を起こし、山口県の萩まで被害を及ぼしました。

この火山を制して田畑を作り、豊かな国作りを命じられたのが初代神武天皇の孫であるタケイワタツです。

タケイワタツは阿蘇神社の祭神で、この神社は約二千三百年前に創建されました。タケイワタツの子供である阿蘇氏の子孫が現在も大宮司を務めています。

このタケイワタツはカルデラに溜まっていた湖の水をなくして田畑を作ろうと考え、湖の土手を蹴って破りました。湖の水は流れ出し、やがて湖底は田畑に生まれ変わりました。阿蘇カルデラは水が豊富で阿蘇神社周辺では今でも湧き水が流れ、その水源である白川水源は毎分六十トンの水量を誇っています。人口七十三万人（平成三十年現在）の熊本市は現在もこの湧き水を水道水として使用しているのです。

このようにタケイワタツは火山を制して、水をもたらし、田畑を開拓した神様です。出雲のオオクニヌシと同様に、阿蘇ではタケイワタツが国作りを行い、多くの民に恵みを与えました。しかし、平成二十八年の熊本地震は熊本県内、大分県内に大きな被害を及ぼしました。さらに、阿蘇神社では重要文化財で日本三大楼門のひとつである楼門と拝殿までもが倒壊してしまいました。

地震にかぎらず、長い歴史の中では、さまざまな困難が降りかかります。人災、天災、飢餓、戦争、不況……。人間は多くの困難を乗り越え、今日という日を迎えています。

私たちの祖先が守ってきたものを、私たちも守っていかなければなりません。人は当たり前のように存在するものに対して喜びを感じたり、感謝したりすることは極めて稀です。突然失われた時、はじめてその有難さに気づくのです。私たちに大きな恵みを与えているものに感謝する心。その心が私たちに多くの恵みを与えてくれるのです。

人が生きていくための源ともいえる水と田畑を与えてくれたタケイワタツ。

祖先が大切にしてきたもの、今も私たちの目の前に存在しているものを、次の世代に引き継いでいかなければなりません。

ニニギノミコト（瓊瓊杵命）

タイプは【斎－2－男】（チョキ）

明るく機転の利いた行動力と勝負強さを持つあなたの素質は、アマテラスオオミカミから三大神勅《しんちょく》を託されて天孫降臨《てんそんこうりん》し高天原を統治した、歴代天皇の祖先神ニニギ（ノミコト）です。

【この守護神の特徴】

〈和魂〉（あなたの強み）

親しみやすい／童心を持ち合わせている／競争心に満ちあふれ、短期の勝負に強さを発揮する

〈荒魂〉（気をつける点）

落ち着きがない／臆病なところがある／長期的な取り組みに弱い／早とちりや早合点をしがち／堅苦しい雰囲気に弱い

【あなたの素質】

あなたは成功願望が強く、相手の気持ちをとっさに察して、気遣いしたり、出方を変えたりできる、巧みな処世術を身につけています。相手の顔色を見てその場の雰囲気に合わせた対応をしますが、優しさから出る行動です。落ち込んでも立ち直りが早く、目的や方法を細かく指示されると能力を発揮します。

対人関係では、好き嫌いがはっきりしており、一定の距離を置いた交際や律義な付き合い方をします。褒められたりおだてられたりすると調子に乗ってしまう面があります。

好奇心旺盛な行動派のため、お調子者に見られますが、本質は純粋で親しみやすいタイプです。

【人生における強みと得意分野】

・他人の満足よりまず自分の満足を優先し、本音で付き合います。
・無駄を嫌うため、コストパフォーマンスを考えられる強みを持ちます。
・得意分野はお金を稼ぐ、儲ける、具体的な形を創ることです。
・物品購入の意思決定（優先順位）は安くてお得なところからです。
・フロンティア精神が旺盛で、細かい配慮や相手の気持ちを察した対応ができ、その場のムードを盛り上げることができます。
・機転が利き、短期決戦の勝負に強いので、ここ一番という時に頼りになります。即戦力として有望です。

【人間関係】

まわりに左右されないための競争力をつけるため、切磋琢磨できるライバル、実力のある人、財産家と付き合いたいです。本音で話し合える関係を求める。自分も相手も本音で物がいえることを喜びます。人間関係においては、いいたいことはどんなことでもはっきり伝えたほうがいいと考えています。

【仕事観】

忙しいのは苦にならない。何が何でも片付ける。

【金銭観】

目先の利益に敏感。便利で使いやすいものに弱い。

【恋愛・結婚観】

自由に恋愛を楽しむ／先手必勝型／ムードに弱い／お互いにきちんと役割分担ができることを重視

【好きなタイプ】

自分のペースを大切にしてくれる人／明確な目的を持って一生懸命に生きている人／時、タイミングを大切にしている人／できる人／やり手／稼げる人

【この守護神の著名人】

ビートたけし／長嶋茂雄／渥美清／アントニオ猪木力道山／笑福亭鶴瓶／大野智／内村光良／つんく♂

稲垣吾郎／マイケル・ジャクソン

【あなたは人生をどう生きるべきか】（総括）

あなたは、いつも「前進あるのみ」で、人生を切り開いていくタイプです。

自分の力を発揮できる環境と感じれば、生き生きとして充実した毎日を送ることができます。

また、そのことについて周囲から評価されると、充実感、幸福感をおぼえて、次のステップにも必死に取り組んでいきます。

ところが、自分の仕事が注目を浴びない時は、やる気が起きない性格です。その瞬間、瞬間にベストを尽くして、結果を出すタイプで、とっさに状況判断をして対応する能力があります。巧妙な駆け引きによってチャンスをものにし、ピンチを切り抜けます。

あなたは、ここ一番の勝負強さが大きな特徴です。そして人の気持ちを察する神経の細やかさがあり、常にどうすれば相手の役に立てるかを考えて努力しています。また、あなたは、「ギブ・アンド・テイク、お互いが得をする」をモットーとしています。

その反面、損得勘定抜きでは付き合えないシビアなところがあります。

あなたは、長期的な展望に立って行動することが苦手なため、何事にも余裕をもって臨めるように努めるべきです。コンディションにも「体調」と「ムード」があります。一本気な性格のあなたは、まわりからの信頼が得られなかったりすると、急にやる気を失ったり、うろたえたりしてしまいがちです。

自分のペースを乱されると、親しい人はもちろん、あまりよく知らない人まで利用して、場当たり的に打開しようとします。それによって「あの人は困った時だけ利用する」と非難されることがあります。

あなたの人生のもう一つのモットーは、「チャンスを逃がさず、短期決戦で勝利を勝ち取り、結果を出す」です。そして成果、結果を出すためにスピード感を重視します。

また、仕事のシーンでは、商品を改良したり、商機を逃がさずに展開したりします。何が何でもお金にして結果をつくることが得意です。

フロンティア精神が旺盛なあなたは、こうしたいと思うと、現場の第一線で直線的に進みます。現場の第一線で先頭を切っていく突撃隊長型の役割が適任です。

マネジメントにおいては、まずビジョン、可能性を重視して実績を重ねていきます。

仕事の全体像、終着点を理解したうえで、その時やるべきことをやっていくタイプです。

【守護神からのメッセージ】

【和魂】（あなたの調子がいい時）

感謝の気持ちを伝えましょう

………………………………

今あなたの置かれている状況は、親や恩師に関係しています。そこに答えがあります。あなたの想いを大切な人に手紙や言葉などで伝えてみましょう。また、目上の人のアドバイスを聞き入れることで閃《ひらめ》きをもらえます。

【荒魂】（あなたの課題点）

恩師の言葉／試行錯誤する時です

………………………………

物事が停滞しているように感じているかもしれません。今は、季節でいうと冬です。数多くの種まきが必要です。自分が尊敬する人や、感謝してきた人の言葉を思い出し、振り返りましょう。頭を垂れる稲穂のように謙虚さで乗り越え、物事の中心に目を向ける時期です。

【この神様が祀られている神社】

霧島神宮（鹿児島県霧島市）／霧島岑神社（宮崎県小林市）

霧島東神社（宮崎県西諸県郡高原町）／鵜戸神宮（宮崎県日南市）／三宅神社（宮崎県西都市）／高千穂神社（宮崎県西臼杵郡高千穂町）／新田神社（鹿児島県薩摩川内市）／正一位浅間神社（山梨県西八代郡）／天津神社（新潟県糸魚川市）／射水神社（富山県高岡市）／二上射水神社（富山県高岡市）／荊波神社（富山県高岡市）／坂本神社（新潟県南魚沼市）／磐座神社（福井県大野市）／金劔神社（福井県福井市）／久豆彌神社（福井県敦賀市）／多久頭魂神社（長崎県対馬市）／築土神社（東京都千代田区）／荒穂神社（佐賀県三養基郡基山町）／赤國神社（京都府綾部市）他

ニニギノミコトとはどんな神様か

――三大神勅《しんちょく》を仰せつかった神――

ニニギは、アマテラスの孫であり、高天原《たかまがはら》（天界）から葦原中国《あしはらのなかつくに》（地上）へ降り立った神様です。

アマテラスの孫たちが地上に降臨したので、このことを「天孫降臨」といいます。

アマテラスは、降臨するニニギに稲穂を渡し、「この稲を育てて葦原中国を治めなさい」といいました。そこから、稲を高く積む場所として「高千穂《たかちほ》」と名付けられました。

さらに、アマテラスは今の天皇の使命である「三大神勅」をニニギに託しています。

一つ目は「天壌無窮（てんじょうむきゅう）の神勅」です。天壌無窮とは、この国の君主である自覚を持つことです。二つ目は「宝鏡奉斎（ほうきょうほうさい）の神勅」です。これは、「この鏡を私だと思って毎日映しなさい、そしてそこに民を苦しめるような自我があったなら取り除きなさい」ということを意味しています。これは、言い換えるなら、「かがみ（鏡）」から「が（我）」を取れば、「かみ（神）」となるという、神としての生き方を示したものです。

そして三つ目が「斎庭稲穂（ゆにわのいなほ）の神勅」です。稲を育て、この国を繁栄させるということを伝えています。この三つの神勅を守ることが天皇の使命とされています。

降臨後、ニニギはオオヤマツミの娘コノハナサクヤヒメに一目惚れして妻にしました。娘を嫁がせた際に、父オオヤマツミは姉のイワナガヒメも一緒に嫁がせました。

ところが、姉のイワナガヒメはあまり美しくありませんでした。その姿を見たニニギは、姉だけを親のもとへ送り返してしまいました。イワナガヒメを送り返された父は、とても残念がりました。

「娘を一緒に嫁がせたのには、訳がある。イワナガヒメをそばにおくと、あなたは桜の花が咲き誇るように栄えるだろう。イワナガヒメをそばにおくと、あなたの命はたとえ雪が降り、風が吹いても、岩のように変わらないだろう。しかし、このようにイワナガヒメを返されては、あなたの命は桜の花のようにはかないものとなるだろう」

父はそういいました。

こうして、今に至るまでニニギの子孫である天皇は、神の子であるにもかかわらず、その命は限りあるものになってしまったのです。

『君が代』の歌詞「さざれ石の巌《いわお》となりて」は、子々孫々、岩のように永く続くという意味だといわれています。しかし、神であるニニギもイワナガヒメを添えた父の意図をわかっていたはずです。永遠の命を得て、二人の愛が冷め止むくらいならば、限りある命の中でできうる限りの愛を捧げたいと思ったのかもしれません。

愛を貫いたニニギ。イザナキ、イザナミ以降、神々は愛に生き、愛に死んでいったのです。

ゾウカサンシン（造化三神）

タイプは【斎−3−男】（チョキ）

『自由・平等・博愛』をモットーに、公平な世界を築いていくバランス感覚に優れたあなたの素質は、天地開闢《かいびゃく》の神であるゾウカサンシン（アメノミナカヌシ、タカミムスビ、カミムスビの三神）そのものです。

【この守護神の特徴】

〈和魂〉（あなたの強み）

悠然として温和な紳士／バランス感覚に優れた公平さ／自由・平等・博愛・誠心・誠意・義理を重視／親分肌の面倒見の良さ

〈荒魂〉（気をつける点）

相手の言葉や表現を気にする／言い方・口のきき方が悪いとハッキリ指摘／経験則重視で後に引かない／単刀直入にものを言うので相手を傷つけることがある／全体像がつかめないと動きが遅い

【あなたの素質】

人見知りせず、いつも堂々とした自信家タイプのあなたは、思慮深く責任感が強いため、一度決めると自分のペースで堅実に努力します。さらに、正義感が強く、公平な立場で物事を考えられるため、幅広い人間関係を構築していきます。

理想が高く、初対面でも単刀直入に思ったことをハッキリいうので、とっつきにくく見られますが、本当は素朴で律儀な人柄です。反面、自分には甘くなりがちで、過去にこだわらず自分の道をマイペースに進むため、まわりの人から煙たがられることがあるかもしれません。

何事も完全に納得してから行動しますので、意思決定するまで時間を要します。本質は「自由・平等・博愛」の精神をモットーに、筋を通しながら知識と持ち前の意志の強さと実行力で物事を成し遂げます。大器晩成のタイプです。

【人生における強みと得意分野】

・自分に自信があることを主張できます。
・無駄を嫌い、コストパフォーマンスを大切にします。
・お金を稼ぐ、儲けることが得意です。
・「安くてお得」であることの優先順位が高いです。
・客観的な意見と誠意を持っていて、いつでも誰にでも動じず対応します。
・大抵のことはこなす器用さと、柔軟な適応力です。
・土壇場で本領を発揮します。
・人の何倍も基本に忠実に努力し、マイペースで諦めずに粘れます。

【人間関係】

まわりに左右されないための競争力をつけるため、切磋琢磨できるライバル、実力のある人、財産家と付き合うべきです。

本音で話し合える関係が、親近感を持てて安心できると思っています。自分も相手も本音で物がいえることが嬉しいです。

いいたいことは、どんなことでもはっきり伝えたほうがわかりやすいと思っています。

【仕事観】

取っ掛かりは遅いが、全体像がつかめると頑張る。

【金銭観】

基本的に節約家だが、博愛的寄付は人一倍積極的。

【恋愛・結婚観】

度胸と押しの強さで、誰でも包容していきたい。マイペースでゆったりとくつろげる家庭を求める。

【好きなタイプ】

自分のペースを大切にしてくれる人／明確な目的を持って、頑張っている人／時間、タイミングを大切にしている人／できる人／やり手／稼げる人

【この守護神の著名人】

明石家さんま／タモリ／福山雅治／木梨憲武／又吉直樹
哀川翔／江口洋介／大泉洋

【あなたは人生をどう生きるべきか】（総括）

あなたは勝気で自尊心が強いですが、自分の満足する立場にあって、実にのんびり構えています。また、誰からも指図されることを好まず、かといって人を無視することもありません。

失敗しても常に悠然としていられるのも「また一からやり直せばいい」という意識を持っているからです。つまり、危機に瀕しても「人間頑張ればどうにかなる」と思っています。

あなたはバランスを重要としており、やる気になった時は徹底して取り組み、全体の部分とバランスをとりながら幅広い展開を図る逞《たくま》しさを見せます。人に指図されることが苦手なあなたは、何かいわれても腰が重くてなかなか立ち上がらないのですが、一度やり始めると徹底してやり込みます。ところが、気まぐれで突然飽きてしまったり、先が見えると中途半端のうちに投げ出したりすることも少なくありません。

何事も、自分の思い通りにマイペースで進めていくのですが、自分のやることには責任と自信を持って頂点を目指しています。思考の根底には「人間誰でも同じ」という人間平等の精神性があります。

そのため、どんな偉い人とも、人怖じなく話せるし、そうでない人とも腹を割った付き合いができます。

また、同じ世界で成功している人たちを見て、自分も彼らと同じ人間なんだから、やり方や努力で何とかなると考えるので、困難な状況においても「自分にはできる」という強い思いがあります。

あなたは、スイッチを入れてもしばらく灯らない蛍光灯のように、反応が遅い面があります。このため、物事の全体像が呑み込めないうちは、速やかな行動ができませんが、いったん理解すると、誰よりも早く基本に忠実に行動します。

成功のコツは、基本に忠実、誠意と粘りを身上に、期限を決めてから行動し、途中でチェックを怠らないことです。悠々と自分のペースで生きていく人生を過ごし、自由、平等、博愛主義でバランスのとれた自分になることをめざします。人生に必要な条件は、マイペースで基本に忠実であること。誠意を大切にし、何事も全体像を見ることです。

バランス感覚に優れ、どっしりとした粘り腰があります。自分一人で行動するよりも、自ら中心となって組織をまとめていく指揮官的役割が適任です。マネジメントにおいては、まず希望、可能性を優先させるタイプで売り上げ主導型です。仕事の全体像、終着点を理解したうえで、目前のやるべきことをやっていくタイプです。

【守護神からのメッセージ】

【和魂】（あなたの調子がいい時）

調和・融合／すべての根源はあなたの中にあります

・・・・・・・・・・・・・・・・・・・・・・・・・

あなたは無限の可能性を秘めています。あなたのまわりの力と調和してください。人、物、事、気、自然のエネルギー全てがバランスよく整っています。見えるものだけが存在するのではありません。あなたを取り巻くパワー・エネルギーと調和するだけで、物事が好転し始めます。

【荒魂】（あなたの課題点）

命／霊は全てに宿り、ひとつである

・・・・・・・・・・・・・・・・・・・・・・・・・

自分から霊が離れると、ついつい相手を責めるものです。しかし、その責めている言葉が「穢れ」です。怒りや悲しみを祓うことができるのは笑顔です。苦しい時や悲しい時ほど笑顔が必要です。霊はひとつだと思うことが大切です。

【この神様が祀られている神社】

・アメノミナカヌシ

水天宮（東京都中央区）／大阪天満宮　霊符社（大阪府大阪市）／秩父神社（埼玉県秩父市）／中村神社（福島県相馬市）／名草神社（兵庫県養父市）／阿智神社（岡山県倉敷市）／八代神社（熊本県八代市）

・タカミムスビ

東京大神宮（東京都千代田区）／安達太良神社（福島県本宮市）／四柱神社（長野県松本市）／赤丸浅井神社（富山県高岡市）／高牟神社（愛知県名古屋市）／高天彦神社（奈良県御所市）／御祖神社（福岡県北九州市）／高御魂神社（長崎県対馬市）

・カミムスビ

東京大神宮（東京都千代田区）／安達太良神社（福島県本宮市）／四柱神社（長野県松本市）／赤丸浅井神社（富山県高岡市）／高牟神社（愛知県名古屋市）／高天彦神社（奈良県御所市）／御祖神社（福岡県北九州市）／高御魂神社（長崎県対馬市）

・ゾウカサンシン

サムハラ神社（大阪府大阪市）

ゾウカサンシンとはどんな神様か

――平和と繁栄の神――

古事記に最初に現れたアメノミナカヌシ、タカミムスビ、カミムスビという「造化三神」と呼ばれる神様は、現れたあとすぐに消えました。そこにあるようでない、まるで引力や遠心力など目に見えない力のような存在です。

そして性の区別がない「独神《ひとりがみ》」と呼ばれる存在で、まさに自然そのものです。

西洋では、この宇宙を作った神は全知全能の神と呼ばれています。

神様はそれまでなかった宇宙を作ったので、いずれなくなると考えられ、この考えが善と悪、生と死という二者択一の考えにつながります。

一方、『古事記』においては、宇宙は初めから存在したと説かれています。ですから、はじめからあったものはなくならないと考えられており、感謝があれば、善も悪もなくなるとみなされていました。

では、この宇宙とは何でしょうか？

この宇宙とは霊《たましい》であると考えられており、この霊が最初に現れた神様・アメノミナカヌシに宿り、命が誕生したのです。アメノミナカヌシは、山や海や森といった自然界に霊を分けるのですが、これは分御霊と呼ばれています。

こうして自然のありとあらゆるものに神様が宿り、これが八百万の神と呼ばれています。

すべては一つで、この霊に優劣はなく、それぞれに価値があり、生まれる前に罪を犯したわけでもなく、死んで地獄に落ちるわけでもありません。

神道の学びの一つに「中今を生きる」という考えがあります。

これは「今を精一杯生きよ」という意味です。これができないと、霊は二つの心を持ってしまい、それが「自分と他人」という考えにつながり、相手に不平不満や愚痴嫉妬を抱きます。

しかし本来、同じ霊なのに「相手に不満を持つ状態」というのは、裏を返すと、相手を責めているのと同時に自分を責めているのです。

その自分を責めている状態を「穢れ」と呼び、気が枯れていると、この状態になります。これが「病気=気の病」なのです。この病気には兆《きざ》しがあり、その兆しこそが「怒・苦・悲・憂・恐」といった感情で、この感情が「穢れ」を生みます。あるようでない、ないようであるものこそが自然の真理で、我々はその自然の恵みによって活かされています。

アメノミナカヌシは天の中心の神様であり、タカミムスビとカミムスビは進化発展の神様です。

これら神様は、内に引き寄せる力と外に反発する力を持っていて、宇宙そのもののような神様であり、平和と繁栄の象徴なのです。

ウカノミタマノミコト（倉稲魂命）

タイプは【斎―4―男】（チョキ）

ロマンチストですが、現実的でもあり、堅実かつ実質的な生き方を貫くしっかり者のあなたの素質は、食べ物を司る神様として全国各地の稲荷神社に祀られているウカノミタマノミコトです。

【この守護神の特徴】

〈和魂〉（あなたの強み）

人当たりが良い／長期的な視点を持つ勝負師／ロマンチストだが現実的／無理をしない努力家／無駄を嫌う

〈荒魂〉（気をつける点）

神経質で短気／疑い深い／コストパフォーマンスを重視する利益主義者／笑いをとるための毒舌家／出し抜いて勝つのが好き

【あなたの素質】

明るく誰とでもうまく付き合える社交家に見えますが、自分の人生にロマンを求め、その夢を実現するためコツコツと長期的に頑張ることができる人物です。

また、人や物事に対する広い視野の人です。頭の回転の速さは、天性のものです。損得勘定にも長けていて現実的なところがあります。そして、物事に対して長期的展望を描くことができます。

他人を信じきることができないため、何事も自分でやらないと気がすみません。さらに直感に頼りすぎることが多くなり、論理的な展開が曖昧になりがちです。

いいたいことをいえずにチャンスを逃してしまい、後で後悔することがあります。本質は、自分の時間を大切にし、長期的な視点を持って着実に理想の実現に向かう堅実家です。


【人生における強みと得意分野】
・自分の夢とロマンを追い求めつつも堅実に生きます。
・無駄を嫌うため、コストパフォーマンスを向上させる強みを持っています。
・得意分野はお金を稼ぐ、儲ける、具体的な形を創ることです。
・物品購入の意思決定（優先順位）は安くてお得なところから。
・夢や理想実現のために、長期的展望のもとに、効率性を備えたプロセスを遂行します。
・最終的に目標に到達するように、用意周到にチャレンジを繰り返します。
・金銭感覚が鋭く、損得を計算しつつ、資金を有効に運用できます。
・人当たりが良く多趣味ですが、人の話に対しては慎重で、裏を取るようにします。

【人間関係】

競争力をつけるため、切磋琢磨できるライバル、実力のある人、財産家と付き合いたいです。そして、本音で話し合える関係を求め、相手と本音で向き合えることを歓迎します。いいたいことはどんなことでも、はっきり伝えたほうが信頼関係を深めることができると思っています。


【仕事観】

現場の第一線で自分自身が体験しないと気がすまない。


【金銭観】

基本的に節約家ですが、使いどころとタイミングをきちんと考えます。


【恋愛・結婚観】

自由な恋愛を楽しみ、オープンでフランクな付き合い／裏表なく、遠慮気兼ねのない家庭を築きたい

【好きなタイプ】

時間、タイミングなど、自分のペースを大切にしてくれる人／明確な目的を持って頑張っている人／できる人／やり手な人／稼げる人

【この守護神の著名人】

木村拓哉／石原裕次郎／羽生結弦／工藤公康／高倉健

小田和正／櫻井翔／阿部サダヲ／ＡＴＳＵＳＨＩ

坂上忍／武井壮

【あなたは人生をどう生きるべきか】（総括）

あなたはサービス精神旺盛で、協調性があり周囲とも楽しくやっていくことができます。その一方で、猜疑心が強い面もあり、さらに自分を中心に考えるタイプです。いたずらにお金や物に執着したり、疑い深くなったりしがちです。

しかし、「疑い深い」ということがすべてマイナスかといえば、そうではなく、確実性を求めることにもなります。何事においても、「自分でやらなければ気がすまない」「まだまだやり足りない」というバイタリティにつながっていきます。

夢やロマンを追い続ける人は、長期的将来のイメージは限りなく感動的なものになりがちです。しかし、あなたの強みは十年後、二十年後の自分の在り方をしっかりと想像できる点です。

とはいえ、現実的にどう進めればいいかという具体的プロセスの設計が抜けやすいので、注意が必要です。

あなたは、慎重派です。何かチャンスのある話があってもさまざまな裏情報を独自に手に入れて分析します。

自分の理想のためなら、他人の意見に耳を傾けて、自分なりの意見にまとめ上げるスキルを持っています。

理想主義者であるあなたは、どれだけ仕事をうまくやっても、何か粗探しをして欠点を見つけてしまうので、いつも「まだまだ」と体力の限界まで頑張ってしまいます。しかし、それを他人に求めてしまうと、反発されてしまいます。

人生の優先課題は、自分が描いた理想を、たとえ時間がかかっても実現することです。またライフスタイルが規則的で、単調な仕事でも持続力を発揮します。

何事も計算高く、いつも損得を考える傾向があります。ですから、負けることがわかっている勝負は絶対にしません。

仕事の全体像を理解したうえで、現場でやるべきことをやっていく役割が適任です。そして、マネジメントにおいては、まずリスク軽減を優先させるタイプで実績重視型です。あなたの人生の目標は、夢、ロマンを追求し、長期的展望のもと、それを実現することです。

［守護神からのメッセージ］

【和魂】（あなたの調子がいい時）

御利益／欲しいものはなんですか？

・・・・・・・・・・・・・・・・・

必要とするものすべて手に入る時です。また、ご利益は感謝がある者に訪れます。あなたの欲しいものは何ですか？　今すぐ口に出して明確にしてみましょう。それがいえたなら、思わぬ形で転がり込んでくるかもしれません。

【荒魂】（あなたの課題点）

変化／準備をしましょう

・・・・・・・・・・・・・・・・・

準備はできていますか？　変化しようとした時、妨げようとするものが現れるかもしれません。正しいことよりも、礼を尽くし、信頼を勝ち取ることが大切です。事を起こす前に、準備を丁寧《ていねい》にすることでうまくいきます。

【この神様が祀られている神社】

伏見稲荷大社（京都市伏見区）／王子稲荷神社（東京都北区）／笠間稲荷神社（茨城県笠間市）／祐徳稲荷神社（佐賀県鹿島市）／笠森稲荷神社（大阪府高槻市）／小俣神社（三重県伊勢市）／葭原神社（三重県伊勢市）／川添神社（三重県多気郡大台町）／鼻顔稲荷神社（長野県佐久市）／豊榮稲荷神社（東京都渋谷区）／豊栄稲荷神社（富山県富山市）／葦稲葉神社（徳島県板野郡上板町）／大前神社（新潟県南魚沼市）／槻田神社（新潟県三条市）／加久彌神社（富山県氷見市）／竹駒神社（宮城県岩沼市）／源九郎稲荷神社（奈良県大和郡山市）／太鼓谷稲成神社（島根県鹿足郡津和野町）／高橋稲荷神社（熊本県熊本市）／志和稲荷神社（岩手県紫波郡紫波町）他、全国の稲荷神社

ウカノミタマノミコトとはどんな神様か

——民の心をつかんだ御利益の神——

ウカノミタマは稲荷《いなり》神社の祭神として祀られていますが、元々稲荷神社は百済《くだら》からの渡来人である秦氏が信仰していた神社です。

秦《はた》氏は、農耕、土木、鉄鋼などの技術に長けており、秦氏を重用した豪族は大きな発展を遂げました。民も秦氏の教えのまま農耕に励み、五穀豊穣《ごこくほうじょう》に恵まれました。

あるところに、秦氏が祀っている神社がありました。「そこに手を合わせれば何か御利益があるのではないか」と、民はこぞって参拝しました。

その後、五穀豊穣の神としてウカノミタマが祀られるようになりました。江戸時代の民の八〇%は農民でしたから、五穀豊穣の神として、稲荷神社は全国に広がります。

さらに世の中が変化し、農業だけではなく工業、商業と発展するに伴い、山に行けば五穀豊穣、海に行けば大漁の神、そして都市に行くと商売繁盛の神様として発展を遂げていきます。

国を支えるのに食料は不可欠です。食料生産によって、国を支えていたのが多くの民でした。

その民に御利益を与え、祀られた稲荷神は大いに繁栄したのです。稲荷神が神社の中でも活気を感じられるのは、伝統に縛られることなく、繁栄させるために新しいものにトライし、進化して来たからかもしれません。

また、タブーとされた「御利益や御加護がある」という考え方も稲荷神社が広げたと考えられています。かつてはそれを皮肉る人もいたかもしれません。しかし、この稲荷神社は一部の宗教団体のような個人の所有物になることなく、神道の伝統に則り、しっかりと神社としての枠の中で役割を果たすために努力をしてきました。

その稲荷神社の祭神であるウカノミタマは、繁栄の神、対応の神、柔軟性の神ともいえます。時として人は「伝統」「進化」を巡って対立します。

本物とは伝統を重んじつつ、世の中の変化に対応し、進化し続ける者のことなのです。ウカノミタマの伝説はあまり残されていませんが、民の御魂が作り出しているのであれば、大いなる力によって、変化し進化し対応した柔軟な神だといえるでしょう。

人は一人では生きていけません。だからといって人に頼ることもままなりません。そこで、神を感じることで、気持ちが楽になったり、神様が助けてくれると信じたりすれば、気持ちが大きくなり、行動に移すことができます。

そのように感じる人が数多くいるのも事実です。八百万の神は「それも良し」としたのではないでしょうか。

神道は「教」ではなく「行」です。しかし、誰もがその深い境地に到達するのは困難です。人にはそれぞれ成長の過程があるように、ウカノミタマも同じように進化し成長してきたのです。

コノハナサクヤヒメ（木花咲耶姫）

タイプは【斎－1－女】（チョキ）

まわりに左右されず自分の思う道を進むあなたの素質は、絶世の美しさを持ちつつも、火中で子供を産んだコノハナサクヤヒメです。

【この守護神の特徴】

〈和魂〉（あなたの強み）

一人だけの時間と空間が好き／自主性が強い／自分にしかできないことでオンリーワンを目指す／無から有を生み出す企画力がある／時代を読む洞察力に優れている

〈荒魂〉（気をつける点）

超マイペース／納得するまで考え続ける／ペースを乱されるのを嫌う／人まねをしたくない／言葉足らずのところがある

【あなたの素質】

初対面ではとっつきにくい印象を与えますが、几《き》帳面《ちょうめん》で正直、そして明るい女性です。豊かな想像力を持ち、独自のアイデアを生かします。芸術的な分野で可能性を見つけると、結果に結びつきやすいようです。また、自分のこだわりを大切にし、人目や世間体を気にせずに強い意志を持って、マイペースで行動していきます。

本人は悪気がないのですが、しばしば周囲からは「自分勝手」「図々しい」「生意気」と誤解されてしまいます。煩わしい人間関係は苦手で、我慢してまで人に合わせようとはせず、嫌なことはハッキリと「ノー」と言える強さを持っています。

ただ、頑固で自己中心的なところがないわけではありません。人から強制されたり押し付けられたりすると気分が乗らずに本来の力を発揮しません。一見、無愛想で、他人に関心がなさそうに見られますが、自分の世界を大切にしているからにすぎません。本質は、気取りのない純粋な女性です。

【人生における強みと得意分野】

・他人の満足よりまず自分の満足を考えながら本音を大切に生きます。
・無駄を嫌い、コストパフォーマンスを高める強みを持つ。
・得意分野はお金を稼ぐ、儲ける、具体的な形を創ることです。
・物品購入の意思決定（優先順位）は安くてお得なところからです。
・自分の個性を活かすような独自性の追求を忘れず、納得するまで熟慮し、出した結論は自信を持って実行に移していけます。
・将来を見通して、物事を計画的に考えます。目的に向かってステップを踏み、一歩一歩近づいて完遂できます。
・マイペースながら独自性、ナンバーワンを目指します。

【人間関係】

まわりに左右されないための競争力をつけるため、切磋琢磨できるライバル、実力のある人、財産家と付き合いたく考えています。本音で話し合える関係を求めており、親近感を持てて安心できる関係を大事にします。いいたいことはどんなことでも、はっきり伝えたほうが関係を深められると思っています。

【仕事観】

大きな展望を持ち、納得いくまで考え、仕事を進める。

【金銭観】

他人が持っていない希少価値のものに浪費しがちである。

【恋愛・結婚観】

相手のタイプには特にこだわらない／自分のペースで付き合う／じっくりとさまざまな角度から考え、納得して決める

【好きなタイプ】

自分のペースを大切にしてくれる人／明確な目的を持っている人／物事に一生懸命な人／時間、タイミングを大切にしている人／できる人／やり手な人／稼げる人

【この守護神の著名人】

沢尻エリカ／松嶋菜々子／坂本冬美／木下優樹菜

中島みゆき／浅田真央／今井美樹／山口百恵

高橋ひとみ

【あなたは人生をどう生きるべきか】（総括）

あなたは、想像力に富み、無から有を生み出す企画、ユニークなアイデア提起が得意です。そして、何でも納得しないと動きません。物事の取っ掛かりは遅いですが、一度決めたら最後までやり抜くという初志貫徹型。しかし、まわりの環境と調和するための策を考える器用さを持ち合わせていません。ですから、危機に立たされた場合、急な環境の変化に即応するような対処はできません。本質的に、意思決定においてはじっくり時間をかけて考え、納得してから答えを出すことが多くなります。

他人のアドバイスを聞いて失敗した時は、後悔が百倍にもなります。独自性が身上なので、世間の常識や伝統にとらわれず、ありふれたものでは満足できず「世界のどこにもないオリジナル商品」に価値を見出します。

若いうちは自分の独自性を貫き、周囲の人に左右されず、マイペースで仕事をして、まわりの評価を勝ち取ることもあります。しかし、歳を取ると人の意見を聞かず、頑固さが出てくることがあります。

仕事においては、人真似が嫌いなので、独自性のある商品、独創的なデザインなど、自分のオリジナリティを生かしたことにチャレンジしたいと考えます。

とにかくユニークさを求めます。だから変わった人が好きです。裏を返すと、「変わっていると好かれる」と思い込んでいる節があります。そのため、まわりからとっつきにくく思われることがあります。そして、臨機応変の対応や、即断即決が苦手です。

あなたの人生の方向性は、我が道、バランス、一歩一歩、独自性、頭で勝負、ナンバーワンを目指すことです。そして、役割としては、頭を使って、商品や自分が世の動き、変化に左右されないよう、オリジナリティを加えることです。時代の流れを読む洞察力に優れ、ユニークなアイデアを提案し、実現プロセスを組み立て、実現していくあなたは、参謀本部的役割が適任です。それを目指してゴーイングマイ・ウェイを貫きます。

マネジメントにおいては、まずビジョン、可能性を優先させるタイプで実績重視型です。仕事の全体像、終着点を理解したうえで、その時やるべきことをやっていくタイプです。

【守護神からのメッセージ】

【和魂】（あなたの調子がいい時）

美／開花の時です……………………………

蕾が花開く時です。人は美しいものに引き寄せられます。内面だけではなく外見を磨くことであなたの魅力が増します。後回しにしていたことに挑戦してください。心地の良い環境が整うでしょう。今は美容関係と縁が深くなっていきます。あなたに相応《ふさわ》しい相手を引き寄せるでしょう。

【荒魂】（あなたの課題点）

しなやかな強さ／柔軟な心を身に付ける時です……………

事実が伝わっていないかも知れません。嫉妬や疑念を持たれやすくなっています。潔白を晴らしたくなるようなことが起こるかもしれません。自分の思うように、伝わらないこともあるでしょう。また、対価を求められるかも知れません。時間か必要です。今は感情を抑え柔軟な心を身につけ、時を待ちましょう。

【この神様が祀られている神社】

富士山本宮浅間大社（静岡県富士宮市）／子安神社（三重県伊勢市）／都萬神社（宮崎県西都市）／木花神社（宮崎県宮崎市）／高千穂神社（宮崎県西臼杵郡高千穂町）／霧島神宮（鹿児島県霧島市）／新田神社内端陵神社（鹿児島県薩摩川内市）／大山祇神社内姫子邑神社（愛媛県今治市）／懸神社（京都府宇治市）／櫻井子安神社（千葉県旭市）／浅間神社（山梨県笛吹市）／一宮浅間神社（山梨県西八代郡市川三郷町）／阿津神社（徳島県海部郡海陽町）／神根神社（岡山県備前市）／羽梨山神社（茨城県笠間市）／細石神社（福岡県糸島市）／木葉神社（奈良県橿原市）／わら天神宮（京都市北区）／國廳裏神社（鳥取県倉吉市）／箱根神社（神奈川県足柄下郡箱根町）／久豆彌神社（福井県敦賀市）他

コノハナサクヤヒメとはどんな神様か

――桜のように咲き、桜のように散る美人薄命の女神――

コノハナサクヤヒメを祭神として祀る富士山本宮浅間大社《ふじさんほんぐうせんげんたいしゃ》には、竹取物語とよく似た縁起の話が伝わります。

この神様は、富士山の御神体になっており、桜の語源はサクヤからきているといわれています。そのことから、鹿児島の桜島の御神体もコノハナサクヤヒメです。

コノハナサクヤヒメはニニギが天孫降臨し、一目惚れした美しい女神といわれています。桜の語源になったように、この神様は美しく咲き、散っていく、幸短い神様です。

コノハナサクヤヒメは山の神様、オオヤマツミの娘です。

ニニギがコノハナサクヤヒメに一目惚れし、嫁にもらおうとオオヤマツミに告げると大いに喜びました。

喜んだオオヤマツミは一緒に姉であるイワナガヒメを嫁がせます。しかし、その容姿は大変醜かったため、ニニギは父の元へ帰してしまいます。

オオヤマツミはイワナガヒメを返されたことで大いに恥じ、ニニギを呪います。オオヤマツミがイワナガヒメを嫁がせたのは、考えがあってのことでした。コノハナサクヤヒメは容姿も美しく、桜の如く栄えますが、その命は短かくすぐに散ってしまいます。だから、岩のように永遠の命を持つイワナガヒメを一緒に授けたのです。

それを知らないニニギはイワナガヒメを返してしまいました。そのことで、永遠である寿命も限りあるものになってしまったのです。

その後、二人は結ばれ一夜にして身籠《みごも》ります。しかし、ニニギは一夜にして身籠ったことを不審に思い、他の国の神様の子ではないかと疑います。そして激怒したコノハナサクヤヒメは、産屋に入って自ら火を放ちます。

その炎の中でホデリ、ホスセリ、ホオリの三柱の子を生みました。このホオリの孫が、神武天皇です。

このように、美しさゆえに疑われ、美しさゆえに散ってしまう。人を引きつける魅力は、しばしば嫉妬や疑念の対象になりうるのです。また、引きつけた魅力に値する見返りを求められ、その見返りを与えなければ人は裏切られたと落胆します。

このように、努力による美しさではなく、生まれ持った美しさはさまざまな試練がのしかかるのです。

一見華やかな人生も、本人にしか知りえない苦労があります。美人薄命とは、このようなことから言い伝えられたのかもしれません。

サルタヒコノミコト（猿田彦命）

タイプは【斎－2－女】（チョキ）

明るく活発で社交上手。優しく献身的なあなたの素質は、天孫ニニギを日向の高千穂まで先導し、自ら開拓した伊勢の地をアマテラスに譲ったサルタヒコ（ノミコト）です。

【この守護神の特徴】

〈和魂〉（あなたの強み）

陽気で華やかな明朗活発／頭の回転が速い／機敏で行動的／手先が器用／世話好き

〈荒魂〉（気をつける点）

飽きっぽい／乗せられると弱い／負けん気が強い／じっとしているのは嫌い／すぐに結果を出したがる

【あなたの素質】

細やかな気遣いと機転の利く素早い行動は、すぐに人の心をつかむことができ、どこにいても人気者のムードメーカーです。そして、サービス精神旺盛で、一緒にいる相手を楽しませ、和ませようと努めます。

また、献身的に相手を思いやる態度がまわりから評価されています。社交的なタイプのように振る舞っていながら、傷つきやすい面もあるので、警戒心が強くなかなか本心を表に出しません。

その場の状況、相手の顔色を見て先手を打ち自分の立ち位置を確保するのが得意です。そのため、最初の「つかみ」を大切にします。

堅苦しい雰囲気を苦手とし、ざっくばらんな雰囲気を好みます。何事においても、結果が目の前にすぐ現れることを望みます。

短期集中型なので、長期的な計画を立てる時には目標を段階的に設定する必要があるようです。また、本質的には、人の役に立つことが好きです。親切で明るい女性です。

【人生における強みと得意分野】

・他人の満足よりまず自分の満足を考えながら本音で付き合います。

・無駄を嫌うため、コストパフォーマンスを高められる強みを持っています。

・得意分野はお金を稼ぐ、儲ける、具体的な形を創ることです。

・物品購入の意思決定（優先順位）は安くてお得なところからです。

・フロンティア精神が旺盛で、細かい配慮や相手の気持を察した心配りができ、その場のムードを盛り上げることができます。

・機転が利き、短期決戦の勝負に強いので、そうした状況では頼りになり、即戦力として力を発揮します。

【人間関係】

まわりに左右されないための競争力をつけるため、切磋琢磨できるライバル、実力のある人、財産家と付き合いを求めます。本音で話し合える関係を築きたいと思っています。自分も相手も本音でものがいえることを嬉しく思います。いいたいことはどんなことでもはっきり伝えたほうがお互いの関係を深めることになると思っています。

【仕事観】

忙しいのは苦にならない。何が何でも片付ける。

【金銭観】

目先の利益に敏感。便利で使いやすいものに弱い。

【恋愛・結婚観】

自由に恋愛を楽しみ、先手必勝／ムードには弱い／お互いにきちんと役割分担ができれば良い／実利的

【好きなタイプ】

自分のペースを大切にしてくれる人／明確な目的を持って一生懸命に頑張っている人／時間、タイミングを大切にしている人／できる人／やり手／稼げる人

【この守護神の著名人】

浜崎あゆみ／黒木瞳／宮沢りえ／小池栄子／中島美嘉

小柳ルミ子／渡辺美里／オードリー・ヘプバーン

【あなたは人生をどう生きるべきか】（総括）

あなたは、一緒にいる相手を楽しませることが得意で、相手を飽きさせることがありません。八方美人的な付き合い方ともいえますが、悪いことではありません。対人的な気遣いが細やかです。テキパキと動き回る世話好きな女性です。

あなたは、人の言葉に敏感で、小さなことも気にかける面がありますが、表面的に明朗な社交上手を装っています。いくらかせっかちですが、時間の使い方がうまく、何に対しても機敏に行動する能力があります。

また、頭の回転が速く、察しも良いのですが、けっこう計算高く思われてしまうことがあります。さらに、簡単には相手に心を許すことがないため多くの親友をつくることはありません。

半面、積極的にリーダーシップを取る活発な女性であるあなたは、まわりの人への対応ぶりにソツがなく、どこにいてもその場の中心となって人気者になるような華やかな雰囲気を持っています。

一部の女性にありがちな未練がましさやしつこさがなく、明るくさっぱりした性分が魅力です。冷静で合理的な判断ができますが、メリットだけを追いすぎるあまり、落ち着きやゆとりに欠けた振る舞いをしてしまうことがあります。これは欠点に見えることもありますが、ケース・バイ・ケースで的確な判断をし、迷うことなくテキパキと行動する姿勢として評価されることもあります。それがしばしば凛々しい魅力となっています。

短期決戦タイプなだけにじっくり計画を立てたり、方法を練ったりする慎重さには欠けます。また、男性を向こうに回して競争するような負けん気もあり、そのための努力は人一倍です。しかし、もう少し心にゆとりを持ちましょう。

あなたは、無駄を嫌うために、自分にメリットのあることにしか興味が持てなくなってしまうことがあります。流行にも敏感で好奇心が旺盛なので、何にでも首を突っ込みたがる無邪気な面を持っており、ものすごい努力家で見た目の軽さとは裏腹にしっかり者です。

すぐ結果が出ないと満足できない気の短さがあって、どうしても行き当たりばったりの生き方になることがあります。もともとさっぱりした性分のあなたは、たとえ、失敗しても切り換えが速いのですが、それが長所にも短所にもなっているようです。

負けん気の強さから、ムキになって相手と張り合う子供のような一面も持っていますが、本質的には気の良い憎めないタイプの女性です。

[守護神からのメッセージ]

【和魂】（あなたの調子がいい時）

未来の予測／あなたが人を導きます

・・・・・・・・・・・・・・・・・・・・・・

あなたの何気ない言動が、誰かの未来にヒントを与えるでしょう。やる気と実力が伴っています。目標や目的に向かうあなたの姿が導く光となります。それは人を助けること、癒すこと、話を聞くことも含まれます。人を導き、育てることで、自分の宝となるでしょう。気負わず、いつも通り過ごしてください。良いタイミングで物事が動き出すでしょう。

【荒魂】（あなたの課題点）

自信過剰／謙虚さが成功の鍵です

・・・・・・・・・・・・・・・・・・・・・・

自信を持つのは良いことですが、自慢、放漫はあなたの真実を曇らせます。その行動を裏付ける実力を身につけることが大切です。今はまだその時ではないかも知れません。人知れず努力することで実力がつきます。謙虚さが成功の鍵です。

【この神様が祀られている神社】

猿田彦神社（京都市上京区）／猿田彦神社（京都市右京区）

出雲路幸神社（島根県安来市）／許曾志神社（島根県松江市）

大麻比古神社（徳島県徳島市）／杉杜白髭神社（福井県福井市）／荒立神社（宮崎県西臼杵郡高千穂町）／御崎社（岡山県岡山市）／二見興玉神社（三重県伊勢市）／椿大神社（三重県鈴鹿市）／白鬚神社（岐阜県大垣市）／阿射加神社（三重県松阪市）／猿田彦神社（三重県伊勢市）／庚申社（福岡県直方市）／猿田彦神社（福岡市早良区）／椋神社（埼玉県秩父市）

青渭神社（東京都稲城市）／野白神社（島根県松江市）／伏見稲荷大社（京都市伏見区）／佐太神社（島根県松江市）／他、全国の猿田彦神社

サルタヒコノミコトとはどんな神様か

――神出鬼没の天狗と呼ばれた神――

アマテラスに遣わされたニニギが、高天原（天界）から葦原中国（地上）へ降り立つ時、いくつにも分かれている道を目の前に立ち往生していました。ニニギたちが立ち往生した道を「天の八衢《やちまた》」と呼びます。

この「八」という数字は、『古事記』にたびたび登場します。「八百万（やおよろず）」、「八岐大蛇（ヤマタノオロチ）」、三種の神器である「八咫鏡（やたのかがみ）」と「八尺瓊曲玉（やさかにのまがたま）」。

他にも、出雲《いずも》をその昔は「八雲」と表記し、国歌『君が代』にも「八千代」が出てきます。

この「八」という数字は、大きさや無限、永遠、偉大といった意味があります。「八」という数字は、日本人にとって最も縁起の良い数字なのです。

話を戻しますが、ニニギが立ち往生していると、高天原から葦原中国までの道を照らす国津神《くにつかみ》（地上の神様）が現れました。

それが、このサルタヒコです。

アマテラスは、「優しい女だが、顔を合わせても気後れしないから、あなたが問いなさい」と、ニニギに仕えていたアメノウズメに、彼の名を尋ねさせます。

サルタヒコと名乗った彼は、ニニギたちの道案内をするために現れたのです。

このことがきっかけで、アメノウズメはサルタヒコの妻となり、「猿女君」と呼ばれるようになります。

このサルタヒコは「鼻長七咫、背丈七尺」という記述から、天狗の原形ともいわれています。サルタヒコは彼らを無事送り届けると、故郷である伊勢の地へ帰って行きました。そして、伊勢の開拓に取り掛かります。

のちに、ヤマトヒメがアマテラスを祀る地を探していた際、サルタヒコが献上したのが現在の伊勢神宮なのです。

サルタヒコは伊勢の大地主でした。しかし、争うことなくあっさりと献上した姿には、なんとも日本人らしさを感じます。この精神が、二十年に一度執り行われる式年遷宮へと引き継がれたのでしょう。

一般的には、英雄とは、戦いに勝利することで生まれるものです。しかし、日本ではこのような徳の高い人のことを「英雄」と呼ぶことが多くあり、また、そう感じられる人でありたいものです。

その後、何百年もの間、子孫が屋敷内でサルタヒコを祀っていましたが、明治以降、公の神社として祀るようになりました。それが、現在の猿田彦神社です。

この敷地の中にサルタヒコの妻であるアメノウズメを祀る佐瑠女（さるめ）神社があります。

イワナガヒメ（磐長姫）

タイプは【斉－3－女】（チョキ）

平等主義とゆったりとした包容力で相手に大きな安らぎを与えるあなたの素質は、豊かで美しい心を持った寿命長久の神イワナガヒメです。

【この守護神の特徴】

〈和魂〉（あなたの強み）
気取らずマイペース／博愛主義的で親切／バランスを大切にする／粘り強い／誠心誠意に取り組む

〈荒魂〉（気をつける点）
必ず納得してから次へ進む／心配性／思い込みが強い／笑いながらきつい一言が言える／器用貧乏

【あなたの素質】

あなたは、中庸《ちゅうよう》の精神で物事に接し、マイペースで自分の世界を大切にします。そして縁の下の力持ちとしてまわりから信頼され、頼りにされます。「成せば成る」の精神で何でもやり遂げようとしますが、時として器用貧乏になりやすく注意が必要です。

すべてにおいて知識が豊富でバランス感覚に優れ、偏りがない半面、時に自己主張しすぎたりまわりの目を気にせず大胆な行動をしたりすることがあります。また、自分の思い込みでまわりの人の性格などを決めつけてしまう傾向があります。人物評価では口のきき方を重視します。落ち着いた雰囲気のため、周囲からクールに見られます。

しかし、情熱的な部分も秘めています。また理屈っぽいところがあります。本質的には、弱音を吐かずに頑張るタイプです。裏表のない愛情深さを持った家庭的なタイプです。

【人生における強みと得意分野】

・他人のことよりまず自分の満足を優先して、自信のあることを主張します。
・無駄を嫌い、仕事でも私生活でもコストパフォーマンスを優先します。
・「お金を稼ぐ」「儲ける」「具体的な形を創る」を得意にしています。
・物品購入の意思決定は「安くてお得」なところからです。
・何事にも客観的な意見と誠意を持ち、いつでも誰にでも動じずに対応できます。
・器用さと柔軟な適応力があります。特に土壇場に追い詰められたときほど、その力が発揮されます。
・すべての面で人の何倍も基本に忠実に行動し、マイペースでことを進め、あきらめずに粘ります。

【人間関係】

堅固な競争力をつけるため、切磋琢磨できるライバル、実力のある人、地位の高い人、力や財力のある人との付き合いを求めます。本音で話し合える関係を求めるため、自分も相手も本音で話せることを喜びます。いいたいことはどんなことでも、はっきり伝えたほうが親密な関係を築けると思っています。

【仕事観】

何事に対しても熟慮《じゅくりょ》型のため、取っ掛かりは遅いが、全体像がつかめると頑張ることができます。

【金銭観】

基本的に節約家です。しかし、博愛主義的な性格で寄付やチャリティには積極的です。

【恋愛・結婚観】

自分の恋愛感情を隠さずに素直に行動する／マイペースを維持できてゆったりとくつろげる家庭を求めます。

【好きなタイプ】

自分のペースを大切にしてくれる人／明確な目的を持っ

て頑張っている人／時、タイミングを大切にしている人／できる人／やり手な人／稼げる人

【この守護神の著名人】

松雪泰子／竹下景子／井上真央／松本伊代／中村アン
中谷美紀

【あなたは人生をどう生きるべきか】（総括）

あなたは、ちょっとおせっかいなところはありますが、人見知りすることなく、誰にでも優しく親切な態度で接します。そして、落ち着きがあり、長いスパンで人生を見つめられる粘り強いタイプです。

無理をすることはなく、安全にマイペースで生きていこうとします。また、基本的に誰もが平等に幸せになるべきだという信念を持つ純粋な女性です。

あなたは、自分を押さえつけようとする規則や相手には、ガンとして譲らない面を見せつけます。しかし、同情心も厚く、困っている人を見逃せません。

のんびりとした温和さが安らぎを与えてくれる女性のあなたは、同じ人間、やればできないことはないという純粋な信念に基づいて悠々と生きており、恐いもの知らずです。ある意味で、そうした神経の太さのためか、まわりからは頼りがいのある人と見られます。また、長期的な視野に立った人生を望み、あわてずあせらず、知的な判断と行動を重ねて一歩一歩着実に進んでいくタイプです。

ひとつのことにこだわらず、必要だと思うことは何でも取り入れ、うまく並行させて進めていく器用な面も持っています。一方で、新しいことには反応が遅く、新しい環境になじむまでに時間がかかります。

これと決めてしまえば一途に飽くなき追求を続ける粘りと持続力は素晴らしいものです。あなたは、博愛をモットーとする親切な女性で献身的な面を持っていますが、やや面倒くさがりでもあります。

クールで物わかりのいい大人の女性といったムードがありますが、こうと決めたら集中して実行する精神的強さを持っています。忍耐強く、コツコツと積み重ねる努力を苦にすることはありません。

あなたは、自分のおかれた状況を不満をもらさずに受け入れる度量の大きさがあります。その上で冷静に合理的な問題の解決を図る知的な女性でもあります。感情に左右された言動や、あいまいな態度をとることはほとんどありません。まわりからの信頼も厚いあなたは、自由奔放に見えても意外と古臭い感覚の持ち主です。男性には尽くすタイプのようです。

あなたは、けっこう心配性の面もあり、あれこれ考えているることがあります。また、バランスをとりながら一度にたくさんのことを考えられるし、必要な時には、割り切って頭を切り替える一面も持っています。

［守護神からのメッセージ］

【和魂】（あなたの調子がいい時）

安心・安定／認められるとき

・・・・・・・・・・・・・・・・・・・・・・

あなたの本質が周りに認められる時がきました。あなたは、外見や、世間体を気にするばかりで、自分をうまく表現することができていなかったかもしれません。今、あなたの内面の美しさが安心を与えています。多くの人が慕い、頼ってくることでしょう。自信を持ってありのままのあなたを表現してください。また、今まで温めていた計画や物事が軌道に乗ります。

【荒魂】（あなたの課題点）

動じない心／心を育てる時です

・・・・・・・・・・・・・・・・・・・・・・

目で見えるものだけがすべてではありません。あなたの心には美しさの中に強さがあるのだということを忘れないでください。物事の本質が見えず、振り回されていませんか？　あなたの心の強さで物事を乗り越えることができます。

【この神様が祀られている神社】

大将軍神社（京都市北区）／銀鏡神社（宮崎県西都市）／伊砂砂神社（滋賀県草津市）／雲見浅間神社（静岡県賀茂郡松崎町）／皇大神社内岩長姫命社（京都府福知山市）／浅間神社（静岡県伊東市）／大山祇神社内阿奈波神社（愛媛県今治市）／伊豆神社（岐阜県岐阜市）／貴船神社内結社（京都市左京区）／磐長姫神社（兵庫県尼崎市）／月水石神社（茨城県つくば市）／三嶋神社（静岡県賀茂郡河津町）／足高神社（岡山県倉敷市）／楊原神社（静岡県沼津市）／細石神社（福岡県糸島市）／甲斐奈神社（山梨県甲府市）／磐椅神宮（福島県耶麻郡猪苗代町）／龍口神社（宮城県石巻市）／横山神社（滋賀県長浜市）／青島神社（宮崎県宮崎市）他

イワナガヒメとはどんな神様か

――真の豊かさを持つ神――

イワナガヒメは姉妹である絶世の美女、コノハナサクヤヒメとともに父であるオオヤマツミがニニギに嫁がせた女神です。

しかし、容姿が醜《みにく》かったために父の元へ帰されてしまいます。コノハナサクヤヒメは桜のように華やかでしたが、桜のように咲き、桜のように散ってしまいます。

一方、イワナガヒメは容姿には恵まれなかったものの、その命は岩のように強く、長く栄えました。ニニギは容姿だけに気を取られ、イワナガヒメの本質を見抜くことはできなかったのです。父であるオオヤマツミの元へ帰してしまったことで、人類の命は限りあるものになったといわれています。イワナガヒメは醜い神様といわれていますが、本当は醜いのではなく、「見えにくい神様」だったのです。扇子で顔を隠していることで間違った印象を与えてしまったのです。

つまり、表面の美しさは目に見えるけれども、心の美しさ、本当の美しさはその美しさを持っている者にしかわからないのです。

若い頃はまわりの目ばかりを意識するあまり、見た目や立ち振る舞いなどで自己アピールしたがるものです。また、若いうちはそんな自己アピールのうまい人に心を奪われたり、憧れたりします。だから、自己アピールする者に比べて、まわりに対して優しく慎ましい人間は損をしてしまうこともあります。

しかし、歳を重ねるごとに協調性が豊かでまわりに対して優しく振る舞える人のところへ、多くの人は集まるようになります。

見た目の美しさは歳を重ねるたびに劣化します。しかし、心の美しさは歳を重ねるたびに豊かになり、その豊かさは表情に表れます。人の目を奪うような容貌はなくとも、その人の生きざまや言葉に救われる人がたくさん出てきます。人としての豊かさは岩のように死ぬまで衰えることはありません。

その生きざまを子孫が見習い、引き継いでいきます。岩に苔が生えるように永遠と栄えるのです。『君が代』にある〝苔のむすまで〟とは、その様を語っているのです。

人生は若い頃だけではありません。表面だけの美しさだけでもありません。

人生を豊かにするものは内面の美しさなのです。その美しさが人に優しい平和な世の中を作るのです。

父の元へ帰されたイワナガヒメは心を乱すことはありませんでした。

もし、損をしたと感じても自分を信じ、善の心を持ち続ける。

その心は、苔が生えるほどまで長く人々の心の中に生き続けるのです。

ムナカタサンジョシン（宗像三女神）

タイプは【斎―4―女】（チョキ）

いつも魅力的で愛情深く、自分の理想に向かって積極的に行動するあなたの素質は、アマテラス（オオミカミ）から神勅を受け、宗像の地に鎮座し、玄界灘の航行安全を祈ったムナカタサンジョシンです。

【この守護神の特徴】

〈和魂〉（あなたの強み）
無駄を嫌う／頭の回転が速い／鋭い直感が働く／涙もろくロマンチスト／長期的展望に立って考える

〈荒魂〉（気をつける点）
感情の浮き沈みがある／意外と神経質で疑い深い／献身的で心配性／後からあれこれ悩む／好き嫌いが激しい

【あなたの素質】

相手の気持ちを直感的に見抜く目と協調性を併せ持っており、場を盛り上げたり面倒を見たりすることを得意とします。

一見おとなしく見られますが、人に対する好みははっきりしています。また、無駄を嫌い、じっくりと考えて行動に移します。自分の利益をしっかりと勝ち取ることができる合理主義者です。

身内には厳しくなりがちですが、まわりの人に対しては世話好きで、人付き合いもうまくモテる人が多いようです。また、負けず嫌いなため、理屈っぽくなり、まわりに対して口うるさくなることが玉にキズです。
おおらかそうに見えますが、傷つきやすいデリケートな面を持っており、ストレスが溜まりやすいのが特徴です。一度好きと思った人や趣味はいつまでも好きでいられるのが特徴です。本質は、セクシーな魅力と繊細なハートを持っている心優しいロマンチストです。

【人生における強みと得意分野】

・自分の夢とロマンを追いつつ堅実に生きます。
・無駄を嫌い、コストパフォーマンスを重んじます。
・お金を稼ぎ、具体的な形を創ることが得意です。
・「安くてお得」が買い物の優先順位です。
・夢や理想を実現するため、長期的な視野で直線的に計画を遂行できます。
・目標に到達するため、用意周到に駆け引きと勝負を繰り返します。
・金銭感覚が鋭く、資金を有効に運用できます。
・人当たりが良いが、人の話には疑い深く裏を取ることを心がけます。

【人間関係】

まわりに左右されないための競争力をつけるため、切磋琢磨できるライバル、実力のある人、財産家と付き合いたい。本音で話し合える関係が、相手との距離を縮め、親近感を持てて安心できると思っているため、自分も相手も本音で物がいえることを好む。いいたいことは、どんなことでもはっきり伝えたほうがわかりやすいと思っています。

【仕事観】

現場の第一線で自分自身が体験しないと気がすまない。

【金銭観】

基本的に節約家ですが、使いどころとタイミングを考えます。

【恋愛・結婚観】

自由な恋愛を楽しみ、オープンでフランクな付き合い／裏表なく、遠慮気兼ねのない家庭を築きたい

【好きなタイプ】

時、タイミングなど、自分のペースを大切にしてくれる人／明確な目的を持って一生懸命に頑張っている人／できる人／やり手な人／稼げる人

【この守護神の著名人】

米倉涼子／石原さとみ／樹木希林／デヴィ夫人
西内まりや／永作博美／宮﨑あおい／真矢ミキ
ＪＵＪＵ

【あなたは人生をどう生きるべきか】（総括）

あなたは、社交上手で人気者ですが、場合によっては、八方美人と見られてしまいます。しかし、品がよく、自分の雰囲気というものを持っています。優しげでさっぱりした女らしさが魅力の女性です。

また、表面的にはソツなく交際をこなしていても、人に対する好みはハッキリしているようです。そして、情にもろい世話好きな女性であり、純粋すぎるくらいロマンチストで豊かな感性を持っています。

自分で何でもできるだけに、他人にも厳しく、理屈っぽいので、口うるさいのが玉にキズですが、涙もろく、感激しやすく、困った人を見捨てておけない人情深い女性でもあります。頭の回転が速いのと同様に、感情の浮き沈みも激しいため、せっかくの行動力を一〇〇％発揮できないことが多いかもしれません。

女性特有の連れ立った行動が少なく、精神的に自立した女性といえるでしょう。

あなたは、屈託《くったく》のない態度が明るく可愛らしいですが、意外と細かいことにこだわる神経質な心配性。手先も器用でよく気がつきます。貯金上手なしっかり者の面もあります。

しかし、自分のメリットを第一に考えてしまうので、友人との交際においても、計算が先走ってしまい、本当の親友ができにくいです。自分以外は信じられないという心配性がたたって、ストレスが溜まってしまうため、その結果、どうしても臆病になり、あれこれ心配も尽きません。

そして、相手の気持ちを察することができる直感力も抜群で、指導したり、説得したりすることを得意とし、あれこれ面倒見も良いです。

あなたは、おしとやかではありませんが、人のために動くことをいとわない親切な女性です。さらに、つべこべ考える前に、テキパキと行動的に物事を片付けていきます。負けず嫌いの勝気さが、少々生意気に感じられることもありますが、納得できなければ、あくまでも自分を主張しつづける強さには誰もが脱帽します。

あなたは、相手の気持ちを直感的に見抜く目を持っているので、円満な人付き合いをしながら、うまく自分を売り込んでいくチャッカリしたところを持っています。さらに、自分の魅力をより引き立たせることが上手なので、おしゃれのセンスもいい人です。

また、嬉しいとき、悲しいときは、すぐに顔や動作に出るほうで、思ったことは遠慮せず口にしてしまうことが多いでしょう。

そのため、なんでも少しはっきりものを言い過ぎて、相手を傷つけてしまうことがあります。プライドが高く、自分の弱みを見せないいつでも毅然《きぜん》とした態度のあなたは、頼られるタイプでもあります。

【守護神からのメッセージ】

【和魂】（あなたの調子がいい時）

見守る／使命を全うしましょう

・・・・・・・・・・・・・・・・・・・・

動かずともあなたの決意が多くの人に安堵《あんど》感を与え、穏やかな日々を過ごすことができます。今は見守る時です。動くことだけが行動だと思われがちですが、動かないという行動もあるのです。今は、自分に与えられた役割、使命に集中し全《まっと》うしましょう。

【荒魂】（あなたの課題点）

揺るがない決意／決意を貫きましょう

・・・・・・・・・・・・・・・・・・・・

一人で荷を背負うのではなく、信頼の置ける人と分業しましょう。勢いで行動することも大切ですが、冷静に判断することも大切です。分業することでバランスが整いそれぞれの良さを発揮できます。

【この神様が祀られている神社】

宗像大社（福岡県宗像市）／厳島神社（広島県廿日市市）／江島神社（神奈川県藤沢市）／松尾大社（京都市西京区）／網走神社（北海道網走市）／善知鳥神社（青森県青森市）／八戸三嶋神社（青森県八戸市）／隠津島神社（福島県郡山市）／隠津島神社（福島県二本松市）／都野神社（新潟県長岡市）／前川神社（埼玉県川口市）／天宮神社（静岡県周智郡森町）／藤切神社（滋賀県東近江市）／繁昌神社（京都市下京区）／日向大神宮（京都市山科区）／田島神社（佐賀県唐津市）／六嶽神社（福岡県鞍手町）／穴水大宮（石川県穴水町）／阿智神社（岡山県倉敷市）／淵神社（長崎県長崎市）／他、全国の宗像神社、市杵島神社、厳島神社、弁財天宮

ムナカタサンジョシンとはどんな神様か

――外交の要を託された美人三姉妹の神――

宗像三女神はスサノオとアマテラスが誓約の際、生まれた神様で、スサノオの子とされます。この三姉妹の中でも、とりわけ美人だったのがイチキシマヒメといわれています。

イチキシマヒメは美人で水の神様だったことから、インドの神様、弁天様と同一化されました。また、アマテラスから直接神勅を受け降臨した神はニニギと宗像三女神だけです。それほど特別な神様であるといえます。

アマテラスは宗像三女神に「宗像地方から朝鮮半島や中国大陸へつながる海の道を守り、歴代の天皇をお助けすると共に歴代の天皇から篤いお祭りを受けられよ」と命じ、宗像三女神を宗像（今の福岡県）の地に降臨《こうりん》させました。

ですから宗像三女神は朝鮮半島に向け鎮座し、海を見守っているのです。

三女であるイチキシマヒメは宗像大社内の辺津宮《へつみや》（海辺にある宮）、そして次女であるタギツヒメは宗像から沖に出た大島の中津宮《なかつみや》、また長女のタゴリヒメはさらに沖にある沖ノ島の沖津宮《おきつみや》に鎮座しています。

タゴリヒメが鎮座する沖津宮のある沖ノ島は、島そのものがご神体であり、禁忌《きんき》（してはいけないこと）があります。

沖ノ島には沖津宮に駐在する宮司がたった一人しかおらず、女性が足を踏み入れることはできません。

その理由はタゴリヒメが嫉妬深いからという説があります。

ニニギは国内を固め、宗像三女神は国を外敵から守りました。まさにニニギが国内を統治し繁栄させる繁栄の神であり、宗像三女神は外敵から守り平和を保つ平和の神ともいえます。

世の中は、成果を上げた人だけに賞賛の声が集まりがちです。一方でたとえば、むずかしい局面では矢面に立ち、守り抜く人もいます。普段はじっとして動きませんが、いざとなったら命懸けで体を張ります。

行動とは動くことだと思われがちですが、「動かない」という行動もありますね。その動かないという行動を選んだために、動くことを犠牲にしている人がいます。

沖ノ島に鎮座するタゴリヒメもそうです。

タゴリヒメは、アマテラスの命を受け、生涯独身を通しました。タゴリヒメは結婚するという行動を犠牲にして、ジッと沖を見つめるという大役を全《まっと》うしているのです。その大役は、決して、脚光をあびることはありませんし、誰に評価されるわけでもありません。

しかし、誰に評価されることはなくとも、沖を見守るという役割を全うしているのです。

オオクニヌシノオオカミ（大國主大神）

タイプは【宝－1－男】（グー）

真面目で、心優しい素直さと強い意志を持ったあなたの素質は、因幡《いなば》の白兎《しろうさぎ》伝説や国作りで、さまざまな試練を乗り越え、目的を達成したオオクニヌシ（ノオオカミ）です。

【この守護神の特徴】

〈和魂〉（あなたの強み）

真面目で謙虚、素直で控えめ／礼儀作法や上下関係を大切にする／自分の考えをしっかり持っており芯《しん》が強い／「なぜ、どうして」の探究心が旺盛／育てる事が上手

〈荒魂〉（気をつける点）

頑固なところがある／好き嫌いが激しい／初対面では警戒心が強い／親しくなると大胆になる／駆け引きや裏表のある対応は苦手

【あなたの素質】

人から受けた恩をいつまでも胸に秘めています。裏切りたくない気持ちが強いため、「自分は正しいことをしている」という誠実な人生観に自信を持っています。

初対面の人には意外と警戒心が強く距離を取りますが、一度信頼すると、とことん信じるため騙されやすい面もあり注意が必要です。

安定した環境や安心できる環境を築けるように、確かな人間関係を忍耐強く構築する交際を心掛けています。

いざという時には人をまとめてやり遂げる意志の強さと正義感を持ち合わせています。

しばしば、その意志の強さが頑固さとなり、「融通が利かないやつ」と勘違いされてしまうこともあります。

また、礼節をわきまえ、人情にも厚く親切な対応と、控えめな態度から、着実にまわりの信頼を得て、数々の試練を乗り越え目的を達成していくことができます。

本質は、謙虚で真面目、心優しく人を育てることを得意とします。

【人生における強みと得意分野】

・自分のことより、まず相手の満足を考えられることが強みです。

・得意分野は方向性（形）のないものから具体的なものを創り出すことです。

・独創性、先進性、革新性を大切にし、原理原則を追求することです。

・共存共栄のために円満な人間関係を営み、気配り、思いやり、信用を築く行動は得意です。

・まわりからは無駄と思われる行動が多いですが、それを無駄と思っていません。

・自分（自社）の安泰を考えて、自分や商品をさらに完全なものにするために、注意深く、慎重に調査し、正確、かつ適切に修正、改善し付加価値を加えることができます。

・安全性を重視し、自然体で自分の行くべき方向性に修正する力があります。

・心のつながりを大切にし、人を見て育てることが得意です。

【人間関係】

人と競争しない穏やかな生活をするため、和気あいあいと人柄のいい人、信用のある人、人格者と付き合ったほうがいいでしょう。

人間関係を重視するので、誤解されそうな本音はめったに吐かず、対人対応は建前中心となります。ただし、利害関係のない人には本音がいえるかもしれません。

【仕事観】

今より良くしたいために、改善、付加価値を加える。

【金銭観】

意外と意識しないところで使っていて無頓着。

【恋愛・結婚観】

自然にまかせる／自分からアプローチするのは苦手／ほのぼのと心温まる、愛し、愛される家庭を望む

【好きなタイプ】

思いやり、気配りのある人／自分の気持ちをわかってくれる人、信じてくれる人／人柄の良い人

【この守護神の著名人】

桑田真澄／南こうせつ／大沢たかお／田村淳

GACKT／香川照之／佐藤健／佐々木健介／岡田准一

辰吉丈一郎／ブラッド・ピット

【あなたは人生をどう生きるべきか】（総括）

あなたは、自然体のままで無理なくゆっくりとしたペースで生きていくタイプです。

けれども、いざというときには、覚悟を決めて責任を取るといった潔い面があり、その誠意と一本筋の通った芯の強さが、周囲から信頼を集めています。

悠々と生きているように見えがちですが、もともとは気の小さい心配性で、周囲に神経を使っています。それだけにいつも安心していられる快適な環境を求めようとします。

あなたの言葉使いは、年齢や上司、部下に関係なく、親しいか、そうでないかですっかり変わるのが特徴です。そのため、親しい相手、安心できる相手には、遠慮のない表現や乱暴とも思われかねない言葉使いをします。しかし、乱暴な言葉使いは愛情表現の一つであり、その人に心を開いて信頼している証拠ともいえます。

もともと神経の細やかなあなたは、失敗したり悪いことが起こると、自分でさらに悪いほうに考え過ぎて、物事が手につかなくなったりクヨクヨしたりする傾向があるようです。

元来、人なつっこいあなたは、人を疑うことを知らないため、何かと騙されることが多々あります。そのような経験が重なるにつれ、人に対して警戒心が芽生え、人見知りするようになります。

人一倍緊張度が高く、人見知りのあなたは、冒険より安心できる環境を選ぶため、行動範囲が決まってしまいがちになります。

人生の目的は、現状を確信し続けることによって、安心できる環境をつくり向上していくことです。また、人生に必要な条件は、自然体、安全性、データ類による裏付けです。

仕事では、出来上がった商品をさらによくするために修

正し、付加価値をつけることが得意です。特に、人を見て育てたり教えたりするといったことが好きです。

あなたは、未来、将来に対しての洞察力に優れ、知的なアイデアを提案し、作戦を練り、人と物の手配や管理をする仕事に向いています。

マネジメントにおいては、まず希望、可能性を優先させるタイプで売り上げ主導型です。そして、目の前のことから実行して、その積み重ねで目的を達成させていくタイプです。

［守護神からのメッセージ］

【和魂】（あなたの調子がいい時）

好機到来／今までの苦労が報われます…………………………

身も心も充実し、好機に恵まれるでしょう。まさに実りの時です。目の前のチャンスをつかんでください。数々の試練を乗り越え、勝利を目前にしています。多くの人達があなたを支え、力を貸してくれるでしょう。

【荒魂】（あなたの課題点）

修行の時／試練があなたを強くします…………………………

あなたは、特別なものを得ようとしています。しかし、目標が高ければ高いほど、その障害も大きいものです。その試練を乗り越え、最後まで努力を重ねてください。今は根を張る時です。大きな木が倒れないのは、土の中で立派な根が張っているからです。目に見えない準備期間があるのです。

【この神様が祀られている神社】

出雲大社（島根県出雲市）／大前神社（栃木県真岡市）／大國魂神社（東京都府中市）／氣多大社（石川県羽咋市）／能登生国玉比古神社（石川県七尾市）／小國神社（静岡県周智郡）／日吉大社（西本宮、滋賀県大津市）／砥鹿神社（愛知県豊川市）／出雲大神宮（京都府亀岡市）／愛宕神社（京都府亀岡市）／一宮神社（京都府福知山市）／大国主神社（大阪府大阪市浪速区）／道明寺天満宮・元宮土師社（大阪府藤井寺市）／大神神社（奈良県桜井市）／高砂神社（兵庫県高砂市）／飛瀧神社（和歌山県那智勝浦町）／八桙神社（徳島県阿南市）他、全国各地の薬師神社、出雲神社

オオクニヌシノオオカミとはどんな神様か

――意志を貫き通した神――

オオクニヌシといえば、出雲大社の祭神です。心優しいといわれていたオオクニヌシは、優しいだけでなく、頭も良く、医術にも明るい神でした。ただ、その優しさと優秀さゆえに、兄たちの嫉妬を買ってしまいます。有名な話は「因幡の白兎」です。

オオクニヌシがヤガミヒメという女神と結ばれたことで兄神たち、八十神《やそがみ》から嫉妬を買い、オオクニヌシを何度も殺します。その度に、母親が天津神《あまつかみ》に頼み、生き返らせてもらいます。

母親は「このままだと本当に死んでしまう」と考え、最後に頼ったのが、オオクニヌシから六代目前の祖先スサノオでした。

オオクニヌシは、スサノオを訪ねて出雲国まで行きます。そして、出雲に着くと一人の女性と出会い心を奪われます。

その女性こそ、スサノオの娘スセリビメです。

オオクニヌシは、スサノオに認められようとさまざまな試練に耐え忍びます。その姿にスサノオは、オオクニヌシを婿として認め、スセリビメと一緒になることを許します。

さらに、葦原中国を治めるよう大きな仕事を任せます。オオクニヌシはスクナビコナ（一寸法師のモデル）とともに、国作りを行います。国作りは順調に進んでいきますが、ある日突然スクナビコナが「もう私は必要ない」と、海の彼方に去って行きます。

突然のことに困り果てたオオクニヌシでしたが、その時に海の向こうから光り輝く神様が現れ、どこからともなく「大和国の三輪山に自分を祀るように」という声が聞こえてきます。

オオクニヌシは「そなたは誰ですか」と問います。その声は「我は汝の幸魂（さきみたま）奇魂（くしみたま）なり」と答えます。そう。それは、オオクニヌシ自身の魂の声だったのです。

恐れや不安を抱いても疑うことなく、己が決めたことを貫きなさい。それが、あなたの真の願い。何を疑おうぞ。疑うことなかれ。疑うのならば、己が決めた自分の意志が揺らぐことを疑うべし……。

これは、道に迷ったときに誰もが抱く思いであり、すべての人に通じるものです。

出雲大社の祝詞《のりと》は最後に「幸魂（さきみたま）奇魂（くしみたま）守給（まもりたまひ）幸給（さきはへたまへ）」と唱えます。

この国は、争うことによってつくられた国ではありません。女性を愛し、その愛を貫き、さまざまな試練に打ち勝ち、その想いが認められたことで国作りが始まっているのです。この国の国土を形作ったイザナキやイザナミもそうなのです。

二人の愛によって国がつくられました。私たちが住むこの日本は、争いごとではなく、愛によっていつの間にかつくられた「愛の国」なのです。

アメノタヂカラオノミコト（天手力男命）

タイプは【宝－2－男】（グー）

明るくスマートで礼儀正しく、なんでも要領よくこなすあなたの素質は、剛力を持ち、みんなから愛されたスポーツの守護神といわれているアメノタヂカラオ（ノミコト）です。

【この守護神の特徴】

〈和魂〉（あなたの強み）
社交的で誰とでも仲良くできる／柔軟な姿勢を崩さず礼儀正しい／流行に敏感で時代の先端を行く／真面目で公平な調整役／新しいものが好き

〈荒魂〉（気をつける点）
要領よく何でも器用にこなすがプライドが高い／引き立てられたくて控えめな態度をとりやすい／メンツや立場にこだわる／やや傷つきやすい／攻撃的だがあきらめやすい

【あなたの素質】

人当たりの良いあなたは、誰とでも話を合わせ、仲良くすることができる器用さを持ち合わせています。嘘や誤魔化しを嫌い、正義感が強いため、裏表がない人情味のある公平な付き合い方をしながら、人を引っ張っていくことができます。

また、まわりの空気を読み時代の流行に敏感で、要領よく何でも器用にこなす力に恵まれています。

しかし、意外と道理にはうるさく義理堅い面があり、自分のメリットよりポリシーを大切にします。男らしさがありバランス感覚に優れています。

その半面、プライドが高く、人前で恥をかかされ傷つくことを恐れているため、控えめな態度をとり、まわりと協調しながら地道に努力を続けます。

最初が肝心で、出だしにつまずくと波に乗れないため、スムーズなスタートダッシュが必要です。本質は、話術に長けて説得力もあり、調整役として幅広い分野で力を発揮し生涯現役として動き回るタイプです。

【人生における強みと得意分野】

・方向性（形）のないものから具体的なものを創り出したり、独創性を大切にし、原理原則を追求したりすることが得意です。
・共存共栄のため円満な人間関係を営み、思いやり、信用を築く行動が得意です。
・まわりから無駄と思われることや行動が多いが、それを無駄と思っていません。
・日々新鮮な感動、感覚を求め、行動力があります。
・相手を尊重し、辛抱強く話し合って気持ちを汲み取ろうとします。
・何事にも対立せず、スムーズに進めていくことができます。
・最先端の情報収集力があり、時代を先取りします。
・いかに他人（他社）をリードし、自分（自社）に先端性を加える役割が適任です。

【人間関係】

人と競争しない穏やかな生活をするため、和気あいあい、人柄のいい人、信用のある人、人格者と付き合いたい。

本音で話をすることが、相手にとって良いことであり、距離を近づけることだと思っています。

ただ、言い過ぎてしまい相手を傷つけてしまうことがあります。

本音で話し合える関係が、一番親近感をもてて、安心できます。

【仕事観】

何が流行するか、どうリードするか先端性を加える。

【金銭観】

基本的には節約家ですが、流行物には弱い。

【恋愛・結婚観】

誰とでもオープンにフランクに付き合いたい／お互いを認め合い、日々新鮮な家庭を築きたい

【好きなタイプ】

思いやり、気配りのある人／自分の気持ちをわかってくれたり、信じてくれたりする人／人柄の良い人

【この守護神の著名人】

北島三郎／矢沢永吉／柳井正／堀内健／平井堅

西島秀俊／江頭2：50／鈴木亮平／仲村トオル

ビル・ゲイツ

【あなたは人生をどう生きるべきか】（総括）

あなたは、いつもエネルギッシュで前向きな姿勢と、繊細なもろさの両面を持ち合わせています。

流行には敏感で、常に一番新しいものを取り入れるセンスに優れています。そして、「人に先駆けて新しいものを取り入れれば、みんなが注目するし、羨ましがられるし何よりもかっこいい」と考え、それができる自分にあこがれを抱いています。

日々新しい刺激のある世界で、情報や知識の収集に努めることでその才能は発揮され、より磨かれていきます。それがエリートとしての自信になっていくのです。

時代を先取りして生きる実感があれば、毎日が新鮮になり、生きがいを感じることができるでしょう。

あなたは開放的な性格ですが、プライドが高い傾向があり、自己表現があまり上手くありません。

そのため、人前で怒られたり恥をかかされたりすることをとても嫌います。

また、人が叱られているのを見るのも嫌がります。自分の立場、メンツに固執することは、地位・名誉を大切にすることにつながりますが、無理な工作をしたり、恥をさらしてまで地位にしがみついたりすることは一切しません。

あなたは、スタートダッシュを重要視する行動派ですが、期限を区切られると緊張が増し、本来の才能を発揮できません。逆に期限がなかったり、自由に進められる時は良いものを人一倍早く仕上げたりします。

物事の運びや人間関係を円滑にするのが得意です。また、人の争いを調停するときは双方の言い分を聞いて、双方の正しい点を認めて、譲れる限り譲るように説得するので潤滑油的な役割を果たします。

人生で求めるものは、最先端の情報や機会、リーダーシップ・社会的地位です。そしてあなたの人生の願望は、伝

統やしきたりに固執せず、商品の開発などの仕事はもちろん、さまざまな領域で先端的な事業を具体化し、成果をあげることです。

スムーズなスタートを重視し、最先端情報の収集が巧みなあなたは、チャレンジ精神が旺盛で、現場の第一線で先頭を切って一直線に進みます。マネジメントにおいては、まず希望、可能性を優先させるタイプで、実績重視です。

【守護神からのメッセージ】

【和魂】（あなたの調子がいい時）

思うままに／あなたの出番です

・・・・・・・・・・・・・・・・・・・・

後先考えずに多少強引と思えるくらい、持てる力を発揮する時です。あなたに期待が寄せられています。力を合わせて行なってきたことがいよいよ形になり見えてきました。最終的に仕上げるのはあなたです。自分の力を信じてください。

【荒魂】（あなたの課題点）

凡事徹底／日々の生活を見直そう

・・・・・・・・・・・・・・・・・・・・

得意分野をさらに磨くか、苦手なところを補うか、真価が問われています。まずはまわりに信頼されるよう、日々の生活の中で示していくことが先決です。信頼を得ることで、物事は前に進むでしょう。

【この神様が祀られている神社】

佐那神社（三重県多気郡多気町）／戸隠神社（長野県長野市）／長谷山口坐神社（奈良県桜井市）／白井神社（兵庫県尼崎市）／雄山神社（富山県中新川郡立山町）／手力雄神社（岐阜県岐阜市）／手力雄神社（岐阜県各務原市）／戸明神社（福岡県北九州市若松区）／天手長男神社（長崎県壱岐市）／皇大神宮　内宮（三重県伊勢市）／引手力男神社（静岡県伊東市）／大椋神社（福井県敦賀市）／大祭天石門彦神社（島根県浜田市）／神部神社（山梨県北杜市）／力侍神社（和歌山県和歌山市）／天石門別神社（岡山県美作市）／伊波止和氣神社（福島県石川郡古殿町）／佐久神社（兵庫県豊岡市）／磯部稲村神社（茨城県桜川市）／清水神社（長野県長野市）他

アメノタヂカラオノミコトとはどんな神様か

――力みなぎる怪力の神――

アメノタヂカラオは、高天原（天界）で最も力が強い神様で、「天岩戸（あまのいわと）」で活躍した話が有名です。アマテラスが天岩戸に引き籠った際に、アマテラスを救う実勢部隊として選ばれたのがアメノタヂカラオです。

力強い神様は他にもいたはずですが、その中の代表として選ばれたアメノタヂカラオは、八百万の神の中でも信頼がおける重鎮の一人で、八百万の神の怪力大臣とも言えます。

天岩戸に引き籠っているアマテラスを外に出させるために、神々は次のような作戦に出ました。

「アマテラスによく似た神様で、アマテラスよりも尊い神様が現れた！」

そのことを祝って、神々は一斉にドンチャン騒ぎをします。

その時に、裸踊りをして場を盛り上げたのがアメノウズメでした。

アマテラスは外の様子が気になって、岩戸を少し開けて覗いてみると、そこには自分によく似た神様がいたのです。鏡に映る自分の姿だとは気づかないアマテラスは、もっとよく見てみたいと思い、さらに一歩踏み出したのです。

その時です。アメノタヂカラオが、アマテラスの腕を引いて外に出し、岩に縄を締めて天岩戸に二度と入れないようにしました。

その時に投げ飛ばした岩の扉は、日向から信濃国戸隠山に落ちたという説もあります。この時に岩を締めた縄が、現在神社にある「注連縄《しめなわ》」となりました。

そしてアマテラスを映した鏡が、「三種の神器」と呼ばれるものの一つ「八咫鏡（やたのかがみ）」です。

また、アメノタヂカラオは、不動明王と同一化されたという逸話もあり、剣と縄を持ち、背中には炎が燃えたぎっています。これは悪人や邪心を縄で縛り上げ、剣で断ち切り、炎で焼き尽くすためです。

アメノタヂカラオは、その後アマテラスから、葦原中国（地上）を統治するよう命じられたニニギが、高天原（天界）から葦原中国に天孫降臨する際、共に降臨し、葦原中国を開拓しました。

また、ヤマトヒメがアマテラスを奉斎《ほうさい》する場所を探し、長谷《はせ》山口坐《やまぐちにいます》神社（元伊勢）に祀る際に、随神としてアメノタヂカラオを鎮座させました。

これはあまり知られていませんが、伊勢神宮内宮の御祭神はアマテラスです。しかし、アメノタヂカラオは伊勢神宮内宮に相殿神として祀られています。

このことから伊勢にはアメノタヂカラオを祀る神社が多いのです。怪力を持つというイメージのあるアメノタヂカラオは、昔から人々に人気があり、各地にアメノタヂカラオが登場する神楽が伝わっています。

その剛力から、アメノタヂカラオは、力の神、スポーツの神として知られ、多くのスポーツ選手がゆかりの神社へ足を運んでいます。

ツクヨミノミコト（月夜見尊）

タイプは【宝－3－男】（グー）

落ち着いた行動と人の本質を見抜き、陰ながらそっとサポートするあなたは、月を司る神様であるツクヨミ（ノミコト）の素質を持っています。

【この守護神の特徴】

〈和魂〉（あなたの強み）
謙虚で親しみやすい／自己主張せず社交的／地道に努力を続ける／一つのことを極める力がある／感情的にならず冷静かつ慎重

〈荒魂〉（気をつける点）
出番待ち対応／ブランドや地位、経験を重視／観察眼が鋭い／究極の逸品に弱い／存在感がないとダメ

【あなたの素質】

いつも礼儀正しく温和で、控えめな態度を保ち、感情的にならずに実績と経験を重んじる古風な人柄です。敵を作らず周囲と協調し、そっと見守っていますが、時には自らまわりを導くこともあり、存在感をアピールしています。

また、人を見抜く目や直感が鋭く、人の気持ちを掴《つか》むのがうまいため、トップよりその参謀としての実力を発揮するほうが得意です。

あなたは一人よりも集団の中で地道に努力を積み重ねていくので、トップではないものの、リーダー的存在となっ

て大きな成果を成し遂げることが可能です。そして、周囲からは「冷静な人」と見られていますが、内面的には情に厚い部分もあります。また、とてもユニークなところがあります。

さらに、意外としたたかだったり、「天然の人」の面があるのも特徴です。本質は、縁の下の力持ち的存在を自分の役割とする、手抜きしない努力家です。

ただ、考えすぎて遠慮や無理をしすぎてしまうので注意が必要です。

【人生における強みと得意分野】

・自分のことより、先ず相手の満足を考えられます。
・限界ぎりぎりまで体を張って頑張り、無理をしてでも他人の面倒を見ます。
・得意分野は方向性(形)のないものから具体的なものを創ることです。
・独創性、先進性、革新性を重視し、原理原則を追求します。
・円満な人間関係を営み、気配り、思いやり、信用を築く行動が得意です。
・本物を見抜く目が鋭く、経験に基づいて客観的に観察し、冷静に判断します。
・一歩下がって時を待ち、状況を見極めて自分の出番をつくります。
・攻撃は苦手でも守りは鉄壁です。
・自分(自社)の安泰を考え、自分(自社)のブランド化を図る役割が適任です。

【人間関係】

人と競争しない穏やかな生活をするため、和気あいあい、人柄のいい人、信用のある人、人格者と付き合いたい。

人間関係を重視するので、本音をいうことはなく、対人対応は建前中心となります。ただし、どうでもいい人には本音で付き合えるかもしれません。

【仕事観】

忍耐強く、自分の実績、経験を培っていく。

【金銭観】

世の中で認められたブランド品には弱い。

【恋愛・結婚観】

人柄が良くて、自分を持ち上げてくれる人と付き合う/好き嫌いと同じくらい、家柄、経済面も重視する

【好きなタイプ】

思いやり、気配りができ、自分の気持ちをわかってくれる人／人柄がよく、自分を信じてくれる人

【この守護神の著名人】

本田宗一郎／吉川晃司／高橋英樹／津川雅彦／関根勤
佐々木蔵之介／タイガー・ウッズ

【あなたは人生をどう生きるべきか】（総括）

あなたは、経験と実績に基づいた落ち着きと「まだまだ頑張れるぞ！」という自信を持っています。

それだけに、ここぞという時は自分が出て行って、体を張ってでも守るべきものは守らなければならないと思っています。さらに組織、他人を後方から支えて、温かくかつ冷静、客観的に見守っているような「影の実力者」的なスキルを持っています。

また、長年の経験に培われた直感を生かしながら、本物を選りすぐり、地道に実績を積み上げて行きます。ただ、ついつい頑張り過ぎて体を酷使してしまうので注意が必要です。

一つ一つの実績を積み重ねながら、技能を自分のものにする実績主義、経験主義のあなたは、相手に対しても実績や経験を求める傾向があります。

さらに、控えめな態度の中にも、目立ちたいという願望があり、注目される機会がいきなり与えられても、そつなく役割をこなすための準備をしています。

そんな出番を与えられ、認められたり評価してもらえたりすると成長します。しかしその半面、出番がないと自分で出番を作ったり、自分がやっていないことでも「自分の成果」といってしまったりします。

あなたは、人の善し悪しを判断するときは、必ず「その人が過去に何をやってきたのか」とその経歴を知りたがります。というのも、何事もそれまでの積み重ねの結果だと考えるからです。

仕事における判断や行動の規準は、すべて自分の経験の範囲に限られ、それを超えることについてはなかなか踏み切れません。

仕事を頼む場合も、相手の技量を確認します。未経験、専門外のものは安心して任せません。人生の目的は、経験を積み重ね、実績を上げながら、実力者としての器を備えることと考えています。一流、本物、ブランド志向であるあなたの生き方がそこにあります。

あなたに適任なのは、自分一人でどうこうというよりも、基本的には後方で組織をまとめながら、商品や自分（自

社）にさらに磨きをかけてブランド化を図る役割です。

そしてマネジメントにおいては、まずリスク負担を優先させるタイプで経費主導型です。また、目の前のことから確実に実行して、その積み重ねで目的を達成させていくタイプです。

【守護神からのメッセージ】

【和魂】（あなたの調子がいい時）

支援／陰の働きがまわりを導きます

・・・・・・・・・・・・・・・・・・・・・・・・・・

あなたの陰の働きによって、まわりの者が引き立ち、安心して行動することができます。また、陰の存在として努めることでまわりの支えとなり、より大きな成果へと導きます。

無理して表現しなくても大丈夫です。陰の努力が評価される時です。そのまま進んでください。

【荒魂】（あなたの課題点）

癒しの時／自然とつながりましょう

・・・・・・・・・・・・・・・・・・・・・・・・・・

体調を崩しやすい時です。無理は禁物です。評価を気にするあまりに無理してしまっていませんか？　誰かの目を気にしていると、心奪われ、自信をなくしがちです。無理して存在をアピールすると空回りしやすいものです。そんな時は、海や山に行き、気を整え、自分のリズムを取り戻しましょう。

【この神様が祀られている神社】

外宮別宮・月夜見宮（三重県伊勢市）／内宮別宮・月讀宮（三重県伊勢市）／月読神社（京都府京都市西京区）／月讀神社（長崎県壱岐市）／月夜見神社（宮城県石巻市）／月山神社（山形県東田川郡立川町）／鳥海月山両所宮（山形県山形市）／賀蘇山神社（栃木県鹿沼市）／西寒多神社（大分県大分市）／西照神社（徳島県美馬市）／月山中之宮（山形県鶴岡市）／月山本宮（山形県東田川郡庄内町）／西奈弥羽黒神社（新潟県村上市）／川原神社（三重県伊勢市）／阿沼美神社（愛媛県松山市）／伊豫神社（愛媛県伊予市）／来待本宮（島根県松江市）／六所神社（島根県松江市）／稲荷鬼王神社（東京都新宿区）／駒形神社（岩手県遠野市）／山田神社（香川県観音寺市）／大伴神社（長野県佐久市）

ツクヨミノミコトとはどんな神様か

――闇に光を届け、まわりを導く神――

ツクヨミは、アマテラスの弟であり、スサノオの兄でもあります。そして、イザナキの右目から生まれた神様がツクヨミといわれています。

イザナキが生んだとても尊い神々がいるのですが、彼らは「三貴子」と呼ばれています。ツクヨミは夜の神、または月の神と呼ばれています。

『古事記』において、アマテラスやスサノオの話はよく出てきますが、ツクヨミのお話はほとんど登場しません。ツクヨミは「ツクヨミ（月読）＝月を読む」という名前から、暦とゆかりが深い神様です。

暦は月が満ち欠けする月齢と連動しており、満月から次第に月が欠けていき、新月になるまでの時間の流れを基準とします。

神社には月の一日と十五日に参拝するのが良いといわれています。これは、月の満ち欠けに関係しています。一カ月のうち、十五日を境に振り出しに戻り「気」が高まることから、一日にお祓《はら》いをし、そして十五日にまたお祓いをします。

アマテラスが「陽」ならば、ツクヨミは「陰」です。

ツクヨミは夜の闇に光を届け、船の航海をそっと見守り、さりげなく人々を正しく導くありがたい存在なのです。決して主役ではありませんが、なくてはならない存在ともいえます。

人にもさまざまな役割があります。表舞台に立つ人もいれば、大きなことを実現する人もいる一方、それを補助する人もいます。

一見、強く自己主張する人だけが人の目を引きますが、それは、誰かがその言葉を差し控えたからこそ、言葉を発する者の存在が際立つともいえます。

世の中には特別な能力がある人がいます。そんな人たちは、その能力を活かしてさまざまな困難を切り拓いていきます。その一方で、足元が見えにくくなってしまいます。その見えない足元の細かな部分を、他の誰かが支えているのです。

ツクヨミは、そんな足元を照らす神様ではないでしょうか。

私たちのまわりにも、陰で支えてくれている人がいます。そこに目を向けて評価できる人にこそ、徳は備わります。

あなたの足元を照らしてくれている人も、きっといるはずです。徳がある人とは、人が積んだ徳に気づく人です。そういう人に徳は備わるのです。

コトシロヌシノカミ（事代主神）

タイプは【宝－4－男】（グー）

周囲を尊重し、献身的に努力する心優しいあなたの素質は、駆け引きを行わず、平和な国作りを行った託宣神コトシロヌシ（ノカミ）です。

【この守護神の特徴】

〈和魂〉（あなたの強み）
控えめで慎重／客観的に人や物事を分析／世のため、人のため助け合い精神が強い／周囲に対して気配りができる／義理堅く優しい

〈荒魂〉（気をつける点）
寂しがり屋で頼まれると嫌といえない／一定の距離を置いた付き合いをする／温厚だが負けん気が強い／好き嫌いが激しい／仲間はずれにされると傷つく

【あなたの素質】

あなたは周囲に対して情に流されず、冷静に細かな配慮ができる穏健派で、幅広い知識と「情報収集能力」があります。全部知っていたいという気持ちが大きなエネルギー源になります。偏りのない人生観を持ち、仲間やチームのために「助け合いの精神」で行動するため、まわりからの信頼がとても厚く、年上から信頼され、年下から慕われます。シミュレーションを通して考え、戦術を練ることを好みます。友人や仲間に対しては思いやりが深く、長く付き

合っていきますので、抜け駆けや、仲間はずれを嫌います。堂々としているように見えますが、寂しがり屋で、臆病な一面があるのも特徴です。リーダーシップを取って自ら行動する勤勉家です。客観的予測が、悲観的予測に変わりやすく、周囲を気にして慎重になりすぎる傾向があります。しかし、本質は控えめで世のため人のために尽くし、助け合い精神で周囲に対して気配りができる義理堅く優しい人です。

【人生における強みと得意分野】

・方向性（形）のないものから、具体的なものを創り出します。
・独創性、先進性、革新性を大切にし、原理原則を追求できます。
・共存共栄のために円満な人間関係を営み、気配り、思いやり、信用を築けます。
・幅広い人間関係と活動範囲の中で、人脈と情報を財産と考えられます。
・気配りを行き届かせて、人間的な信用を深め、協力し合える仲間を増やせます。
・客観的な視点から物事を観察し、几帳面に計算して堅実な手段で臨む現実主義の慎重派です。
・いかにして他人（他社）に遅れずに自分（自社）を進歩させるか、情報網やシステムを整備する役割が適任です。

【人間関係】

人と競争しない穏やかな生活をするため、和気あいあい、人柄のいい人、信用のある人、人格者と付き合いたいです。本音で話をすることが、相手にとって良いことであり、距離を近づけることだと思っています。ただ、言い過ぎてしまい相手を傷つけてしまうことがあります。本音で話し合える関係が、一番親近感を持てて、安心できます。

【仕事観】

情報通。現場に出て、知り得た情報を生かす場と考える。

【金銭観】

基本的に節約家。人との交際には出費が大きい。

【恋愛・結婚観】

チャンスは平等であるべき／抜け駆けは許せない／自分たちだけでなく、家族ぐるみで付き合えること

【好きなタイプ】

思いやり、気配りのある人／自分の気持ちをわかってくれる人／自分を信じてくれる人／人柄の良い人

【この守護神の著名人】
長渕剛／曙太郎／小栗旬／唐沢寿明／高橋克典
南原清隆／ダルビッシュ有／出川哲朗

【あなたは人生をどう生きるべきか】（総括）

あなたは、相手の立場に立って物事を考え気配りできる優しい人です。

あなたは、自分から仲間が集まっているところに出向いて行き人脈を広げ、誠実に付き合って信用を得ます。それだけに、誰に対してもコミュニケーションを優先させ、人柄のいい自分であるように心がけます。

そのような考えから、仲間はずれにされると不安でたまりません。また、客観的に物事を見ているので、私情や先入観に基づいた情報を排除して的確な判断を下します。

そのため、シミュレーションがうまく、経営戦略を立てる時にオプションプランを担当すると力を発揮します。ただ、悲観的推測になりがちなので注意が必要です。


あなたは、いつも相手の満足が優先し、自己主張しないで我慢しているだけに、一旦心を開いた相手を見つけると、ここぞとばかりに愚痴（あなたなりの自己主張）を始めます。

そして、自分が責任を与えられて仕事をしていても、気分は「みんなで一緒に」であり、みんなで一緒に目標に向かっていると思っています。ひとたび成功が現実のものになると、個人の努力に対する承認よりも、共に目標達成してくれた仲間と一緒に認められたいし、喜びたいようです。

あなたは「みんなの力がなかったら、この仕事の成功もなかった」と考えるタイプです。したがって、一人で失敗の責任を負わされたり、仕事を一人でしろといわれると「どうして私一人で？」となります。

相手の気持ちを害さず自分も傷つかないように、回りくどい聞き方をしながら、一つ一つ自分の不安を消していきます。そして、あなたの人生の目的は、自分のまわりの変化に遅れることなく、周囲と共に安定した生活を送れることです。

また、人生に必要な条件は、人脈、最新情報などです。いかにして他人（他社）に先んじて、自分（自社）を進歩させるかを考え、情報網やシステムを整備することが適任のあなたです。同時に現実主義の慎重派で情報と人脈が財

産の社交派です。

マネジメントにおいては、まずリスク軽減を優先させるタイプで、コストパフォーマンス優先型です。

そんなあなたは、現場の第一線で全体像、終着点を理解したうえで、いい意味での帳尻を合わせながら現在やるべきことをやっていく役割が適任です。

［守護神からのメッセージ］

【和魂】（あなたの調子がいい時）

人望／絆が深まります・・・・・・・・・・・・・・・・・・

目先の利益にとらわれず、長期的視野で物事に取り組むと、大きな成果を生み出すことができます。自分よりもまわりを立てることで、あなたの評価はさらに上がり、先輩から認められ、後輩から慕われる存在になります。そのことで大きな役目が回ってくるでしょう。

【荒魂】（あなたの課題点）

人の意見を聞く／まわりの意見に耳を傾けましょう・・・・・・・・・・・・

今は重要な判断は避けましょう。自己中心的、利己的になっていませんか？　自我や先入観を捨て、相手を尊重し耳を傾けることが大切です。重要な判断をする時は、まわりの意見を取り入れて決断することで、より良い結果につながるでしょう。

【この神様が祀られている神社】

三嶋大社（静岡県三島市）／三嶋神社（新潟県長岡市）／富賀神社（東京都三宅村）／十三社神社（東京都新島村）／十日恵比須神社（福岡県福岡市博多区）／美保神社（島根県松江市）／長田神社（神戸市長田区）／長田神社（岡山県真庭市）／長田神社（滋賀県高島市）／大穴持御子神社（島根県出雲市）／事代主神社（徳島県阿波市）／敷島神社（徳島県吉野川市）／生夷神社（徳島県勝浦郡勝浦町）／建布都神社内西宮神社（徳島県阿波市）／椙尾神社（山形県鶴岡市）／布勢巨神社（岡山県赤磐市）／甘南備神社（広島県府中市）／澤神社（京都府綾部市）／鷆宮神社（三重県伊賀市）／宇伎多神社（滋賀県高島市）／軽野神社（静岡県伊豆市）他

コトシロヌシノカミとはどんな神様か

――「恵比寿様」と呼ばれた神――

恵比寿大黒と言うように、恵比寿様と大黒様はセットで呼ばれることが多く、この大黒様は父親であるオオクニヌシです。

オオクニヌシはこのコトシロヌシを大変評価していました。また、二人の絆は固く、コトシロヌシは父に対して献身的に努めていました。それが国譲りに現れています。

国を治める君主として君臨していたオオクニヌシは、国を譲るよう言い渡されます。オオクニヌシは、慈愛に満ちた国作りを行いたかったのですが、乱暴な兄たちから仕掛けられ、戦いに身を投じて、勝利を収めていました。

しかし、戦いによって作った国は、戦いによって多くのものが傷つき、国は失われることを知っていました。その時、アマテラスから、「これからは慈愛に満ちた国作りを行うから譲りなさい」といわれたのです。

願ってもないことだったのかもしれませんが、国を簡単に委ねては血と汗を流した者たちの心情は計り知れません。

そこで、すべてを理解し、そのことを一身に請け負うことができるコトシロヌシに判断を委ねたのです。コトシロヌシは、父の心情を理解しており、また自分が決断することで父の体面を守れることも知っていました。

コトシロヌシが決断することで、すべてが治まるのであればそれでよしとしたのです。まさに、二代目の鑑《かがみ》ともいうべき神様です。

父のやることを陰で支え、トップが判断すると影響を及ぼすような時は、自らが背負う。功績は全て父親のものになりますが、それを自分の功績だと腑に落とし、ひたすら人格を高めました。

時として二代目は、自分の功績をあげようと他を押しのけてでも前に出ようとしますが、二代目とは【苦労】を背負い、【人格】を高めることが使命なのかもしれません。

このことから、コトシロヌシの一言がヤマト王権の天下統一につながったと、後世の人々は敬意と親しみを込めて大切に祀りました。

また、コトシロヌシは国譲りの責任を背負い、出雲を離れ、伊豆の地で新たな国作りを行いました。

また、天の岩戸で葦原中国（地上）に追放された、スサノオの子孫であるコトシロヌシの娘が、アマテラスの子孫である神武《じんむ》天皇と結ばれ、天地が統合されました。

まさに、コトシロヌシの娘であるイスズヨリヒメは天地和合の神様だといえます。さらに、ジンムテンノウから四代にわたりコトシロヌシの血縁になっています。ちなみに、コトシロヌシは宮中の八神の一つに数えられます。

トヨウケノオオカミ（豊受大神）

タイプは【宝－1－女】（グー）

純粋で自然体、身近な環境をより安心・安全にしていくあなたの素質は、アマテラス（オオミカミ）を近くでサポートし続けた穀物の神様トヨウケ（ノオオカミ）です。

【この守護神の特徴】

〈和魂〉（あなたの強み）

人当たりが良く善良／可愛らしい／自分を飾らず古風で家庭的／協調性がある／無理なく自然体でいられることを好む／安定性と安全性を重視する傾向がある

〈荒魂〉（気をつける点）

慎重なタイプだが騙されやすい／間違ったことは許さない／頑固なところがある／緊張して人見知りする／内心は臆病で、打たれ弱い／ついつい一言多くなりがち

【あなたの素質】

付き合いでは、人柄や、信頼関係を重視する傾向があります。そして、一度信頼した相手には、自分を飾らず甘えたり従順になったりします。純真な心を持っています。また、あなたからは不思議な魅力と優しさが自然ににじみ出ており、それがまわりにも伝わっています。そのため、困ったことが起こっても、いつの間にか貴方のためにまわりが動きます。

気を使わずに安心できる人間関係や環境のもと、無理なく自然体でいられることを好みます。ただ、自分の感情には正直に行動します。相手が誰であろうと間違ったことを許せない頑固さもうかがえます。

初対面の人には警戒心が強くなります。なかなか心を開けないため、壁を作りがちです。人に騙されやすいところがあるので注意が必要です。

本質的には、シャープな着眼点で人を育てたり教えたりするのが得意です。そして、責任を全うする芯の強さを持っています。真面目で家庭的な女性です。

【人生における強みと得意分野】

・自分のことより、まず相手の満足を考えられます。
・方向性（形）のないものから具体的なものを創ることが得意です。
・独創性、先進性、革新性を大切にします。
・共存共栄を図るために円満な人間関係を営み、気配り、思いやりなどによって、信頼関係を築く行動ができます。
・自分あるいは仕事に関して、状況を注意深く観察し、適切に修正、改善する。付加価値を加えられます。
・安全性を重視し、自然体で自分の行くべき方向性を修正する力があります。
・心のつながりを大切にし、人を見て育てることが得意です。

【人間関係】

人と競争しない穏やかな生活をするために、人柄のいい人、信用のある人、人格者と付き合いたいです。

円滑な人間関係を求めるので、めったに本音を吐くことはなく、対人対応は建前が中心の対応となります。

ただし、利害関係のない人には本音がいえるかもしれません。

【仕事観】

今より良くしたいために、改善、付加価値を加える。

【金銭観】

意外と意識しないところで使っていて無頓着。

【恋愛・結婚観】

自然にまかせて、自分からアプローチするのは苦手／ほのぼのと心温まる、愛にあふれた家庭を求める

【好きなタイプ】

思いやり、気配りのある人／自分の気持ちをわかってく

れる人、信じてくれる人／人柄の良い人

【この守護神の著名人】

中山美穂／指原莉乃／安室奈美恵／片平なぎさ

長谷川潤／武井咲／小林麻耶／竹内まりや／テレサ・テン

【あなたは人生をどう生きるべきか】（総括）

あなたは、誰にでも柔軟にソツなく対応する可愛らしい女性です。しかし、なかなか心を開かない臆病なところがあって、いまひとつ相手との間に壁を作っています。

また、しばしば人見知りをしますが、一度「この人」と思った相手には、自分を飾らず、素直な面を見せます。そして、自分の感情にも正直です。ですから、相手が誰であろうと、またどんな場合であろうと、間違ったことは許せません。正統派のあなたは、間違った言動をする相手には厳しい目を向けます。

ノーマルな生き方を大切にしながらも、チャンスがあれば、多少のリスクがあっても何かに自分の人生をかけたいと切望しています。正直でいつものんびりした自然体でいられるのが魅力です。

誰からも愛される女性であり、欲のない雰囲気でまわりから信頼されます。しかし、人との交際に神経を使い、緊張するタイプなので、たくさんの人と会ったりすると疲れてしまいます。「守ってあげたい」と思わせる女性です。

あなたは、いつも自然体で生きることをモットーとしているため、競争社会で道を切り開いていくような世界では生きていけません。

平凡でも安心できる環境で、穏やかに生きることを望む女性のあなたは、生活の中で、心豊かさやうるおいやゆとりを大切にします。

万事がスローテンポです。慎重に言葉を選んで話すようなしとやかさがあり、謙虚な大和なでしこです。そして、いつもまわりの人々を気づかっているために可愛がられます。甘えん坊でわがままな面はありますが、真面目で家庭的な女性です。

その半面、どこか話しかけにくさを感じる人もいますが、控えめな態度の中に、優しさがにじみ出ています。いつも人から批判されないように気を配っていますので、ストレスがたまって疲れてしまいます。

あなたは、見た目とは裏腹に、実は好みもはっきりしていて、自分の考え方に忠実です。そして、意外と頑固な面もあります。

清楚な色気と、知的なクールさを両方備えた不思議な魅力を持っているあなたですが、内心の情熱を抑えきれず、大胆な行動にトライしてみたいという気持ちを密かに抱いています。お人好し過ぎるくらいの女性ですが、人に騙されやすいのがウィークポイントです。

［守護神からのメッセージ］

【和魂】（あなたの調子がいい時）

人徳・信頼を得る／大役を任せられる

・・・・・・・・・・・・・・・・・・・・・・・・・・・

あなたの人徳が評価され、大きな役割を任せられるかもしれません。思いもよらぬ好機に巡り合います。人とのご縁で人生を切り開く時です。今までと違う方法を選択してください。引っ越しや転職は吉。旅をすることでその好機をつかむこともできます。

【荒魂】（あなたの課題点）

健康／食を見直しましょう

・・・・・・・・・・・・・・・・・・・・・・・・・・・

最近の生活に乱れが生じていませんか？　食事が不規則になっていませんか？　偏《かたよ》った栄養ではエネルギーが不足してしまいます。やせ過ぎ、太り過ぎも注意です。睡眠は取れていますか？　十分な睡眠は心の安定を促し判断力を高めてくれます。

【この神様が祀られている神社】

豊受大神宮　外宮（三重県伊勢市）／豊受大神宮　境内　多賀宮（三重県伊勢市）／豊受大神社　元伊勢外宮（京都府福知山市）／夕日神社（富山県氷見市）／岡上神社（徳島県板野郡板野町）／賀羅加波神社（広島県三原市）／伊勢神社（岡山県岡山市）／廣瀬大社（奈良県北葛城郡河合町）／御前神社（福井県あわら市）／唐松神社（秋田県大仙市）／二所山田神社（山口県周南市）／石田神社舊跡社（三重県多気郡明和町）／花長上神社（岐阜県揖斐郡揖斐川町）／依遅神社（京都府京丹後市）／八保神社（兵庫県赤穂郡上郡町）／丸田神社（京都府京丹後市）／御祭神社（東京都三宅村）／小代神社（兵庫県美方郡香美町）他

トヨウケノオオカミとはどんな神様か

――尊い神に信頼された神――

アマテラスが「ひとりでは安らかに食事ができないので、トヨウケを近くに呼び寄せなさい」と丹波国より遷宮《せんぐう》させたといわれています。

トヨウケは穀物の神様であり、伊勢神宮の外宮《げくう》に祀られています。

ある日、丹波国の泉に天女が舞い降り水遊びをしていました。それを見ていた老夫婦がひとりの天女の羽衣を隠してしまいます。羽衣を隠された天女は天に帰れなくなり、老夫婦の養女となります。この天女がトヨウケです。トヨウケは酒作りが上手で、その酒が高く売れて老夫婦は大金持になりました。

当時の人にとって米と水は一番大切な食べ物です。その水と米を兼ね備え、人を陽気にさせる酒は、とても貴重なものだったはずです。このことからもわかるように、トヨウケは穀物の神様として祀られています。伊勢神道ではアマテラスが祀られている内宮を北極星、外宮を北斗七星に対応させたといわれています。また、北斗七星は柄杓《ひしゃく》の形をしていますが、柄杓を意味する【斗】がトヨウケの【ト】に当てられたといわれています。

北斗七星は富貴や寿命を司る神だとされており、江戸時代には庶民の憧れだった伊勢参拝では、柄杓を片手に持って歩くと、その柄杓にお金や米などの施しが集まったそうです。

アマテラスはなぜ他の神ではなく、トヨウケを身近に置いたのでしょうか？　そのことによって他の神社に祀られる神様よりも、崇敬《すうけい》される存在になりました。

これは、人間社会でもよくある話です。

組織の中にはリーダーもいれば、マネージャーもいます。しかし、組織が大きければ、小さな組織のリーダーやマネージャーよりも立派な存在になる者も現れます。だからといって、誰にも負けない能力を持ち合わせているかというと、そうではありません。誰と巡り合うかによってその人の人生は大きく変わるのです。能力や知識で人生を切り開く人もいます。しかし、人の縁によって人生を切り開く人もいます。そのような人のことを【人徳】があるといいます。

まさにトヨウケとは、そのような存在の神様ではないでしょうか？

「あの人のために、力になりたい」そういう人はたくさんいます。しかし、「あの人」になれる人はなかなかいません。もっというと、「あの人が側にいて欲しい」と思われる人はもっと少ないのではないでしょうか？

特別、何かができるわけでもなく、何かすごい取り柄があるわけではないのですが、それでも側にいて癒される存在。そんな人がいます。

世の中ではリーダーシップが大切だとか、マネージメント力が大切だとかいわれます。しかし、そのどれでもない生き方もあります。リーダーやマネージャーを助ける存在。それがトヨウケです。

アメノウズメノミコト（天鈿女命）

タイプは【宝－2－女】（グー）

社交的で誰とでも打ち解け、まわりのみんなを楽しませる。おしゃれなあなたの素質は、天岩戸でアマテラスを引き出すきっかけを作った、アメノウズメ（ノミコト）です。

【この守護神の特徴】

〈和魂〉（あなたの強み）

おしゃれのセンスは抜群／スマートな付き合い方を好む／感受性が高い／新しいことが好き／辛抱強く理想に向かって頑張る

〈荒魂〉（気をつける点）

好き嫌いがはっきりしている／理屈が苦手で優柔不断／ナルシスト気味の甘さがある／感情に走りやすくわがまま／批判精神が強い

【あなたの素質】

新しいもの好きでおしゃれなあなたは、誰よりも流行や時代の流れを敏感に読むことに長《た》けています。聞き上手で、周囲に気を使いながら問題があれば、それを解決しようと、いつも努力しています。プライドが高く、感情面の動きはときに周囲から理解されにくいのですが、そのようなデリケートな部分が不思議とあなたの魅力となっています。

好き嫌いがはっきりしているため、感情的になったりワガママになったりすることがあります。ただ、過ぎてしまったことにこだわらないため、人と争ったりすることはありません。

あなたは頭で考えるよりも熱くなって直感的に行動してしまうため、目的を見失い、せっかくの才能や情熱を活かしきれないことがあります。たとえば、理想に近づくために計画性なく物品を購入してしまい、散財しがちです。好奇心旺盛で面倒見が良いのが特徴です。

【人生における強みと得意分野】

・自分のことより、まず相手の満足を考えられることが強みです。
・得意分野は方向性（形）のない状態からなにかを創り出すことです。
・独創性、先進性、革新性を大切にし、原理原則を追求することです。
・共存共栄のために円満な人間関係を営み、気配り、思いやり、信用を築く行動は得意です。
・無駄といわれることが多いが、それを無駄と思っていません。
・日々新鮮な感動、感覚を求め、一歩先をリードする行動力があります。
・相手を尊重し、辛抱強く話し合って気持ちを汲み取ろうとします。
・スタートがうまく切れるように努力し、何事にも角を立てず、スムーズに進めていくことができます。
・最先端情報の収集が巧みで時代を先取りします。
・いかにスマートに他人（他社）をリードするか、自分（自社）に先端性を加える役割が適任です。

【人間関係】

人と競争しない穏やかな生き方をするため、和気あいあいと人柄のいい人、信用のある人、人格者と付き合いたいです。本音で話をすることが、相手にとって良いことであり、距離を近づけることだと思っています。ただ、言い過ぎてしまい相手を傷つけてしまうことがあります。本音で話し合える関係が、一番親近感を持てて、安心できます。

【仕事観】

何が流行するか、どうリードするかを考え、先端性を加える。

【金銭観】

基本的には節約家ですが、流行物には弱い。

【恋愛・結婚観】

誰とでもオープンにフランクに付き合いたい／お互いを認め合い、日々新鮮な家庭を築きたい

【好きなタイプ】

思いやり、気配りのある人／自分の気持ちがわかり、信じてくれる人／人柄の良い人

【この守護神の著名人】

美空ひばり／中森明菜／綾瀬はるか／宇多田ヒカル
黒柳徹子／国仲涼子／小池百合子／松田聖子／上戸彩
菜々緒

【あなたは人生をどう生きるべきか】（総括）

あなたは、気まぐれで、ちょっとおどけて見せるしぐさが可愛く、一方で女らしさと落ち着いた大人っぽさがうまくマッチして、誰からも好感を持たれます。

ナルシスト気味ですが、前向きな努力家で、機転もきく頭の良さも持っています。そして、好き嫌いのはっきりした性格です。

内に抱いた理想は高く、いつもスマートでいたいと思っているあなたですが、理屈は苦手、気分次第で行動するので、何を考えているのか分からないところがあります。

落ち着いた雰囲気と、礼儀正しい態度がゆとりを感じさせる女性ですが、しばしばプライドの高さが邪魔をして、どうしても妥協できないかたくなさがあるようです。

基本的には協調することを怠らない優等生のあなたは、何気ないしぐさや表情が女らしく、ういういしい色気があります。しかし、ついつい思わせぶりな態度をとってしまうこともあり、けっこう計算高く、自分のメリットを優先してしまうこともあります。

万事につけて慎重で用心深いあなたは、現実的でしっかりした価値観を持っています。そして、口うるさいが、賢く、まめに働く、けなげな女性でもあります。

お金の管理もうまく、ヘソクリ上手な面も持っています。人間関係では、話し合い、譲り合ってみんなと仲良くすることを心がけているようです。

あなたのおしゃれのセンスは抜群です。時代の流れを敏感にキャッチするアンテナを持っていて、何に関しても新しいものが好きです。

また、華やかな人生を歩みたいという願望は強いけれど、すべてに感覚的で、それを実現する計画性や緻密さに欠けるようです。

あなたは、周囲から引き立てられるような自分になるこ

とを心がけ、相手の言葉に耳を傾けながら、スムーズな人間関係を作っていけます。また、相手に意識させずに、いつのまにか自分のペースに乗せてしまうのが上手です。

辛抱強く理想に向かって頑張る努力家のあなたは、自分の世界を大切にする人ですが、他人の忠告に聞く耳を持つように心がけましょう。理屈より自分の好みで判断するため、わがままな頑固者と思われることもあります。

【守護神からのメッセージ】

【和魂】（あなたの調子がいい時）

芸能的才能／才能を活かす時

・・・・・・・・・・・・・・・・・・・・・・・・・・・・

あなたの芸がまわりを盛り立てます。音楽や絵画、踊りや習い事など、あなたの才能が開花する時です。物怖じすることなく、あなたの得意なことをまわりにアピールして下さい。恥じらいを捨て、時には馬鹿になりましょう。自分を思いっきり表現することで、潤滑に物事が進みます。

【荒魂】（あなたの課題点）

落ち着いて／客観視してください

・・・・・・・・・・・・・・・・・・・・・・・・・・・・

行動が目立ちすぎています。無理して、大袈裟《おおげさ》に表現していませんか？　まわりとの調和を考え、自分を客観的に見ることで、あなたらしくいられます。自分の能力はひけらかすものではなく、まわりを活かすために使う時です。そうすることで、より信頼を得ることができるでしょう。

【この神様が祀られている神社】

鈿女神社（長野県北安曇郡）／戸隠神社・火之御子社（長野県長野市）／猿田彦神社・佐瑠女神社（三重県伊勢市）／椿岸神社（三重県四日市市）／小古曽神社（三重県四日市市）／荒立神社（宮崎県西臼杵郡高千穂町）／車折神社・芸能神社（京都府京都市右京区）／宮比神社（秋田県由利本荘市）／荒川神社（新潟県胎内市）／鉾衝神社（山梨県笛吹市）／糟目春日神社（愛知県豊田市）／志波姫神社（宮城県大崎市）／生野神社（京都府福知山市）／大田神社（京都市北区）／猿田彦神社（京都市上京区）／出雲路幸神社（島根県安来市）／許曾志神社（島根県松江市）／野白神社（島根県松江市）／青渭神社（東京都稲城市）／佐倍乃神社（宮城県名取市）／他、「宮比神」を祀る神社

アメノウズメノミコトとはどんな神様か

――神事芸能の神楽の祖神――

アメノウズメといえば、ご存じの方なら胸を出し、神々を笑わせるお調子者というイメージを抱いているかもしれません。

有名な話が「天岩戸」です。アマテラスは、弟スサノオの傍若無人《ぼうじゃくぶじん》な行動にショックを受け、天岩戸に隠れました。

太陽の神であるアマテラスが天岩戸に隠れたことで、高天原（天界）は闇に包まれ、さまざまな災いが起こります。これに困った八百万の神は、会議を開きます。その時に、知恵を司るタカミムスビの子オモイカネの発案で、アマテラスが隠れる岩戸の前で、さまざまな儀式を行いました。

そこでアメノウズメが胸をさらけ出し踊り出します。アメノウズメはなぜそこまでしたのでしょうか？　それは「アマテラスを騙すには本気で喜ばせなければならない」と考えたからです。

そのために体を張って踊ったのです。

それを見た神様たちは大笑い。そんな外の様子が気になるのはアマテラスです。

そして、アメノウズメが「貴女様より尊い神が現れたので、みなで喜んでいるのです」と叫びました。すると、アマテラスは「それは本当か？」と岩の隙間から顔を覗《のぞ》かせました。そこにさっと鏡を差し出し、アマテラスの姿を映します。

アマテラスは、本当によく似た神様だと思い、もう少しよく見ようと岩の隙間をさらに開けました。その瞬間、力持ちの神様アメノタヂカラオが、手を掴《つか》み、アマテラスを岩戸の外に引き出し、そこに縄を張りました。これが神社で見られる「注連縄（しめなわ）」なのです。

アマテラスを映した鏡は、三種の神器の一つ「八咫鏡（やたのかがみ）」です。これが祭りの起源だといわれています。

祭りとは穢れを祓う最大の神事。この穢れとは【怒・苦・悲・憂・恐】などの感情のことです。この感情こそが問題を起こす根源であり、この感情を取り除くことこそが【祓いと禊《みそぎ》】なのです。つまり、清らかな状態とはいつでも笑って歌って踊る状態なのです。

また、アメノウズメは、ニニギとともに天孫降臨する五柱《いつはしら》（五人の神様）の一人でもあります。その降臨の道中で道に迷っていた時に、高天原から中国までを照らす神様が現れました。アマテラスから「あなたは気後れしないから、あなたが彼の名前を聞きなさい」と言われ、名前を聞いたその神が、サルタヒコです。

アメノウズメは、そのサルタヒコの妻となり「猿女《さるめ》」と呼ばれるようになりました。

伊勢の猿田彦神社の境内に、猿田彦神社の本殿と向かい合うように佐瑠女（さるめ）神社が建っており、アメノウズメはそこで芸能の神として信仰されています。今でも多くの芸能人が舞台成功祈願などに訪れるといわれています。

アマテラスオオミカミ（天照大神）

タイプは【宝－3－女】（グー）

客観的に判断や気配りができ、調和を大切にする精神性を持ったあなたの素質は、平和と繁栄に後方から尽力し続けた太陽神アマテラス（オオミカミ）です。

【この守護神の特徴】

〈和魂〉（あなたの強み）

謙虚で穏やか／引っ込み思案で出しゃばらない／人を見る目がある／受け身で我慢強い／何事も経験と実績を重んじる

〈荒魂〉（気をつける点）

控えめだが本当は目立ちたい／周囲の目を気にする／物忘れが多い／相手の依頼を断りにくい／自分の出番待ちをする

【あなたの素質】

あなたは経験や実績をベースに、他人の本質を見抜き、冷静に厳しく分析することができる確かな目を持っています。さらに慎重に物事を見極める目も備えています。一方で、自由を求める気持ちや独立心も旺盛です。他者を押しのけて自分だけが前に出ることはせず、粘り強く自分が活躍できる環境を整え存在感をアピールします。

　年上の人や立場が上の人から可愛がられる傾向にあり、甘えん坊でちょっとチャッカリした女性です。自分を強く主張するタイプではなく、まわりの人の主張に疑問を感じても、その相手の心証を害さないように自分を抑えることを心がけています。

あなたはブランド志向が強く、本物を追い求め自分自身のブランド化を大切にします。

他人に対して、誰にでも腰を低くし、礼儀正しく上手に付き合うことができます。まわりに不快感を与えない社交家です。しかし、その分ストレスを溜めることにもなりますから、無理は禁物です。

【人生における強みと得意分野】

・自分よりも相手の満足を優先する思いやりの人です。
・限界ぎりぎりまで頑張り、無理をしてでも他人の面倒を見ます。
・得意分野は方向性（形）のないものから具体的なものを創り出すこと。
・独創性、先進性、革新性を大切にし、原理原則を追求することです。
・円満、円滑な人間関係を営み、気配り、思いやり、信用を築く行動が得意です。
・無駄が多いですが、それを無駄と思っていません。
・一歩下がって時を待ち、状況を見極めて自分の出番をつくります。
・攻撃は苦手でも守りは鉄壁です。

【人間関係】

人と競争しない穏やかな生活をするため、和気あいあい、人柄のいい人、信用のある人、人格者との交流を求めます。円満な人間関係を重視するので、誤解を受けそうな本音はめったに口にしません。一定の距離を置いた対応を心がけます。心の底から本音で語り合える友人はかぎられます。

【仕事観】

忍耐強く、自分の実績、経験を培《つちか》っていく。

【金銭観】

世の中で認められたブランド品には弱い。

【恋愛・結婚観】

人柄が良くて、自分を持ち上げてくれる人と付き合う／相手への愛情と同じくらい、家柄、経済面も重視する

【好きなタイプ】

思いやりに満ちて、気配りができる人／自分の気持ちを

よくわかってくれる人／自分を信じてくれる人

【この守護神の著名人】

竹内結子／天海祐希／土屋アンナ／青田典子

戸田恵梨香／市毛良枝／レディー・ガガ

【あなたは人生をどう生きるべきか】（総括）

あなたは、控えめな態度をとってはいるものの、開放的で、ちょっと大胆とも思えるくらい親しげな態度をとることがあります。

また、性格的に子供っぽいあどけなさが残っているせいか、誰にでも平気で甘えたそぶりを見せるので、つまらぬ誤解を招くことも少なくありません。

知的な大人の女性というよりは、可愛らしく憎めないチャーミングなタイプです。そして、あっけらかんとしているようで、意外と線が細くもろい面を持っています。

あたりさわりのない交際をしながらも、他人を評価する目は厳しく鋭いあなたは、世間で評価されたものしか信用しないブランド志向のようです。

そして、自分のことになると反省心が薄く、自己中心的な考え方になってしまいがちです。

また、控えめで女らしい雰囲気をたたえており、涙もろく、寂しがりやで、自分の意見をはっきりいうのが苦手です。

対人的な好みは厳しいけれど、我慢強いので、上手に人間関係をこなしていくことができるようです。さらに、甘ったれで、「自分の気持ちは相手が察してくれるだろう」という、わがままなところもあります。

受け身の女性であるあなたは、意外と打算的で用心深いところがあります。

そして、自分の立てた計画は、長いレンジで考えて、のんびりと着実に進めていきます。

人の心をなごませる笑顔と、しっとりとした話し方が印象的な女性であるあなたは、出しゃばることなく、聞き上手をモットーとしており、その穏やかな謙虚さが、いかにも女らしい落ち着きを感じさせています。

デリケートに見えて、意外と根性があり、ちょっとやそっとのことではビクともしません。さらに、自分の人生の目標を達成させようと、長期的な視点でしっかり計算しながら行動します。うまく駆け引きを繰り返したたかな女性の面もあります。

思慮深く、心の中にいつももう一人の冷静な自分がいて物事を観察しており、ひそかにプライドを持っています。

さらに、本当は目立ちたがりやで、最後には自分にスポットライトを向けるように努力するようです。外の世界に生きがいを求め、本質的には社交的で外出好きです。けれども、仕事面では、あまり目立たない環境、地道な仕事などで力を発揮することに向いています。

素直で従順ですが、相手に上手にリードされながら、まわりの人をおだてたり甘えたりして、自分の存在をアピールするちゃっかりした性格でもあります。

【守護神からのメッセージ】

【和魂】（あなたの調子がいい時）

祝福／徳によって繁栄します

・・・・・・・・・・・・・・・・・・・・・・・・

自分の利益や名声のためではなく、純粋にあなたがこれまで積み上げてきた徳が豊かさとなり、あなたに戻ってきています。喜んで受け取って下さい。あなたがまわりを照らす太陽のように今を過ごすことで、関わるすべての人にも豊かさを与えているのです。

【荒魂】（あなたの課題点）

開拓／未来を切り開く

・・・・・・・・・・・・・・・・・・・・・・・・

行動の成果が具現化します。思うようにことが進まない時もありますが、過去にとらわれることなく、勇気を持って突き進みましょう。また昇る太陽のように心を温め笑顔を忘れなければ、必ず未来は開けるでしょう。

【この神様が祀られている神社】

伊勢神宮の内宮（三重県伊勢市）／天岩戸神社（宮崎県西臼杵郡高千穂町）／伊雑宮（三重県志摩市）／日前神宮・國懸神宮（和歌山県和歌山市）／瀧原宮（三重県度会郡大紀町）日向大神宮（京都府京都市山科区）／廣田神社（兵庫県西宮市）／皇大神社（京都府福知山市）／山口大神宮（山口県山口市）／大日霊貴神社（秋田県鹿角市）／八倉比売神社（徳島県徳島市）／籠神社（京都府宮津市）／伊曽乃神社（愛媛県西条市）／濱宮（和歌山県和歌山市）／阿紀神社（奈良県宇陀市）坂田神明宮（滋賀県米原市）／名木林神社（岐阜県安八郡安八町）／宇波刀神社（岐阜県安八郡安八町）／酒見神社（愛知県一宮市）／神戸神館神明社（三重県松阪市）他、全国の神明神社

アマテラスオオミカミとはどんな神様か

――自然界に与え続ける尊い神――

アマテラスは、八百万の神の中でも最も尊い神です。太陽を司る太陽神、天皇の祖神、そして伊勢神宮内宮《ないくう》の御祭神です。代々の天皇はこのアマテラスを祀り、国民の繁栄と世界平和を祈願されています。

アマテラスは天界から地上へ降り立ったニニギに神器の一つである鏡を渡してこう伝えました。

「この鏡を私だと思って、自分を映し、自省しなさい。もし、私欲により民を苦しめるような【我】が映ったならば、その【我】を取り除きなさい」

「かがみ（鏡）」から「が（我）」をとれば「かみ（神）」となります。鏡を祀り、感謝を届け、新たな決意をし、最後にまた感謝する。これが神社と参拝の始まりです。

また、アマテラスといえば天岩戸の逸話《いつわ》が有名です。アマテラスとスサノオの誓約（うけい）の際、スサノオが暴れるのをかばい続けましたが、最後のある女神がスサノオの乱暴の巻き添いとなり亡くなると、悲しみのあまり、天岩戸に籠《こも》ります。それまで温かい光を届けていた太陽がなくなり、高天原は闇に包まれ、悪魔が暴れ出し、神々の力は封印されます。

その時、初めてアマテラスの尊さに気づくのです。「これまで当たり前のようにあったものが、実はこんなに有難いものだ」。困り果てた神々は話し合いながらあの手この手でアマテラスを救おうとします。しかし、なかなかアマテラスは出てきません。その度に神々は落胆します。そして、最後に「アマテラスによく似た神様が現れた」とお祭りを行います。祭りとは穢《けが》れを祓う最大の神事なのです。

祭りの時、参加者はどんな様子でしょうか？【笑って、歌って、踊る】——そう、いつでも笑って、歌って、踊れる状態を清らかな状態といいます。しかし、穢れている時は笑えない、歌えない、踊れない。つまり、清らかな人とはいつでも笑って、歌って、踊れる人のことをいいます。

アマテラスは自分によく似た神様が現れたと聞くと「どんな神様なのか」と天岩戸の扉を少し開けてみます。その時にアメノタヂカラオが腕をつかんでアマテラスを救い出しました。

ところで、アマテラスはなぜ、自分の力を誇示してスサノオを攻撃しなかったのでしょうか？　アマテラスには戦うこと、武力に対するある思いがありました。

「戦うことによって国を作れば、その権力は一人に集中する（この状態を「ウシハク」といいます）。さらに戦うことを正当化すれば必ず次の戦いが起きる」そう考えていたアマテラスはシラス国を作ろうとしました。シラス国とは国譲りの際に出てくる言葉です。アマテラスはこういいました。

「情報をみんなで共有しながら話し合い、慈愛を持って民衆が主役の民衆のための国作りを行う。この国はシラス国だ」

「シラス国」とはそういう意味なのです。これが地球創生上一度も滅びたことのない唯一無二の国、世界で一番長く続く国日本になったのです。その意志を２６７９年（平成31年2月）１２５代途絶えることなく天皇は引き継ぎ、実践されているのです。すべては皇祖神アマテラスから始まりました。

スクナビコナノミコト（少彦名命）

タイプは【宝－4－女】（グー）

一歩下って周囲に耳を傾け、自分より仲間を優先しながら行動するあなたの素質は、豊かな技術と優れた知恵でオオクニヌシの国作りをサポートしたスクナビコナ（ノミコト）です。

【この守護神の特徴】

〈和魂〉（あなたの強み）

社交的で友人、知人が多い／相手の立場で考える／情報や知識の幅が広い／客観的に物事を捉える／皆で助け合いの精神

〈荒魂〉（気をつける点）

仲間はずれにされるとダメージが大きい／慎重で用心深い／プライドが高い／他人に対して口うるさく厳しい／愚痴やぼやきが多い

【あなたの素質】

人が大好きで、面倒見が抜群に良く、世のため人のために動き、仲間意識が強く、助け合い精神に溢れた人です。常識派で客観的な判断やアドバイスができるため、周囲から信頼されています。

さみしがり屋のあなたは、人から誘われると断ることができず、どこへでも顔を出し、誰とでも仲良くしながら和気あいあいと付き合える雰囲気をつくっていきます。

穏やかで、義理堅く、常識派で配慮や気配りができるため、交友関係の年齢層が幅広く、友人知人がたくさんいます。しかし、プライドが高く、意地を張ってしまい、思い通りにならないと、ついつい人のせいにしたりします。

周囲に配慮しながら観察し、相手の気持ちを尊重する姿勢がないわけではありません。しかし、自分の意思を押し通すところがあります。本質は一歩一歩進んでいく忍耐強さと偏りのない人生観を持ち、互助精神を大切にする和の人です。

【人生における強みと得意分野】

・自分のことより、まず相手の満足を考えられます。
・方向性（形）のないものから具体的なものを創り出すことが得意です。
・独創性、先進性、革新性を大切にし、原理原則を追求できます。
・共存共栄のために円満な人間関係を営み、信用を築く行動が得意です。
・幅広い人間関係と活動範囲の中で、人脈と情報を財産とします。
・気配りをして人間的な信用を深め、協力し合える仲間を増やすのが得意です。
・客観的な視点から物事を観察し、堅実な手段で臨む現実主義の慎重派です。
・いかにして他人（他社）に遅れずに自分（自社）を進歩させるか、情報網やシステムを整備する役割が適任です。

【人間関係】

人と競争しない穏やかな生活をするため、和気あいあい、人柄のいい人、信用のある人、人格者と付き合いたい。本音で話をすることが、相手にとって良いことであり、距離を近づけることだと思っています。ただ、言い過ぎてしまい相手を傷つけてしまうことがあります。本音で話し合える関係が、一番親近感を持てて、安心できます。

【仕事観】

情報通。現場に出て、知り得た情報を生かす場と考える。

【金銭観】

基本的に節約家。人との交際には出費が大きい。

【恋愛・結婚観】

チャンスは平等であるべき／抜け駆けは許さない／自分たちだけでなく、家族ぐるみで付き合えること

【好きなタイプ】

思いやり、気配りのある人／自分の気持ちをわかってくれたり、自分を信じてくれたりする人／人柄の良い人

【この守護神の著名人】

深田恭子／広末涼子／西野カナ／瀬戸朝香／北川景子松たか子／木村佳乃

【あなたは人生をどう生きるべきか】（総括）

あなたは、甘えた感じが可愛らしく、色っぽく、明るく屈託のない笑顔が印象的で、何気ないしぐさや表情が誰にでも好印象を与える女性です。また、献身的な優しさや思いやりがあり、人付き合いをおろそかにすることがないので、性別を問わず友達が多いです。

こうと思い込んだら一歩も譲らない頑固なところや、辛抱、粘りもありますが、自立心に欠けるため、なかなかその良さを発揮できません。そして、自分に厳しく、責任を持って物事に取り組もうという姿勢に欠け、どうしても中途半端になりがちです。

自分の感情や意見をはっきり相手に伝えるのは苦手です。また、一歩一歩進んでいく忍耐強さがないわけではありませんが、責任の重い立場や仕事からは逃げ腰となりがちです。また、損をしないようにメリットをしっかり計算できる賢いタイプです。

あなたは、世のため、人のために動いているようなまめまめしい親切心があり、義理堅い交際をします。八方美人のように見えても、意外と人の好みがハッキリしていて、相手を冷静に観察して平気で批判するようなところがあります。

うまくやり取りしながら相手が折れるのを待つ対応法は、機転の利く頭の良さを感じさせます。そして、万事につけて慎重すぎて用心深くなり、とり越し苦労が多いようです。

愚痴やぼやきが知らないうちに口から出てしまうあなたですが、お金の管理はうまく、チャッカリ貯金を増やすヘソクリ上手な面もあります。

もともとインテリジェンスを感じさせる女性ですが、なるべく先入観を持たず、客観的に物事を見られるように、情報収集を心がける謙虚な努力家でもあります。そして、常識はずれや抜け駆けをする人を嫌い、人柄と信用を第一に考えます。

あなたは、ひとりぼっちが嫌いな寂しがり屋で、仲間はずれにならないようにいつも気を配っています。相手を尊重しながらも、自分も譲らない芯の強さがありますが、待ちの姿勢で相手の出方を見るタイプです。そして、バランス

をとりながら、いつのまにか思う方向へ話を進める駆け引きが上手です。

また、相手にとって耳の痛いことでも簡潔に、態度も控えめに伝えます。マナーを心得た振る舞いをする人物でもあります。

［守護神からのメッセージ］

【和魂】（あなたの調子がいい時）

人の相談に乗ろう

・・・・・・・・・・・・・・・・・・・・・・・・・・・・・・・・・・

あなたを必要としている人達がいます。話を聞いてあげるだけで十分です。答えは相手がもうすでに持っています。あなたの支えが役に立つでしょう。最後の一歩までは背中をそっと押してあげましょう。あなたの存在が安心感を与えます。

【荒魂】（あなたの課題点）

意思の疎通／言葉で説明しましょう

・・・・・・・・・・・・・・・・・・・・・・・・・・・・・・・・・・

あなたの優しさが裏目に出るかもしれません。良かれと思ってやったことが、相手の甘えにつながってしまうでしょう。誰にでも優しくしようと思わず、意思の伝達を明確にし、コミュニケーションを取ることが大切です。勘違いされやすい時ですので、言葉で説明しましょう。

【この神様が祀られている神社】

磐座神社（奈良県桜井市）／忍坂坐生根神社（奈良県桜井市）／石上市神社（奈良県天理市）／静志神社（福井県大飯郡おおい町）／手谷神社（兵庫県朝来市）／酒列磯前神社（茨城県ひたちなか市）／大洗磯前神社（茨城県東茨城郡大洗町）／北海道神宮（札幌市中央区）／大神神社（奈良県桜井市）／飽波神社（静岡県藤枝市）／高杜神社　中社（長野県中野市）／宿那彦神像石神社（石川県七尾市）／宿那彦神像石神社（石川県鹿島郡中能登町）／穴澤天神社（東京都稲城市）／広沢天神社（愛知県豊田市）／小祝神社（群馬県高崎市）／佐香神社（島根県出雲市）／加多神社（島根県雲南市）／医家神社（徳島県三好市）／惣社八幡神社（福岡県京都郡みやこ町）／阿多彌神社（長崎県壱岐市）他

スクナビコナノミコトとはどんな神様か

――国作りを支えた一寸法師――

スクナビコナは、様々な薬や酒、温泉を作りました。四国の道後《どうご》温泉や箱根の湯本《ゆもと》温泉、別府《べっぷ》温泉などはスクナビコナが発見したと言われています。そのため、医療の神、酒作りの神、温泉の神と呼ばれています。

スクナビコナは、オオクニヌシの兄弟となり、共に国を作った神様です。その容姿が小さいことから、一寸法師の原型になったともいわれています。

高天原（天界）の神は、オオクニヌシに「スクナビコナと兄弟の契りを結んで、国を守り固めよ」と告げました。

オオクニヌシの片腕であり、国作りのナンバー2であるスクナビコナは、オオクニヌシから大変信頼されていました。こんなエピソードがあります。

オオクニヌシが「いろいろ苦労したが、この国もよくなってきたよな」というと、スクナビコナは「良いところも沢山あるが、良くないところもたくさんある」といいました。

そして、ある日突然、スクナビコナはオオクニヌシの元を去ってしまったのです。この話には諸説あり、スクナビコナが去ったという説と、去らなければならなかったという説があるのですが、「去らなければならなかった」のではないでしょうか？

なぜでしょうか？　国作りに様々な功績を残したスクナビコナでしたが、高天原に戻らなくてはならない期限が迫っていました。スクナビコナが「良くないところがある」と苦言を呈したのは、この期限が近づいていたためではないでしょうか？

一方のオオクニヌシは、スクナビコナがいなくなってからどうしてよいかわからなくなり、一人苦しんでいました。

オオクニヌシにとってのスクナビコナの存在は大きく、それがなくなったことはオオクニヌシをさらに強くしました。

オオクニヌシもスクナビコナも賢い神様です。だからこそ、互いを認め合い、信頼し、慈愛をもって繋がっていました。

オオクニヌシは陽の目を見ないまま去っていったスクナビコナの無言の意志を察したからこそ、最後まで諦めずに国作りに取り組めたのかもしれません。

もし、最後まで二人で国を作っていたら、オオクニヌシは君主としての確固たる自信をつけることはできなかったでしょう。そこでスクナビコナが去ったことで、最後の仕上げをオオクニヌシ一人でしたのです。そしてそのことにより確固たる自信をつけたのです。

いくら自分の働きや発案であっても「あなたの決断が正しかった」と相手に手柄をとらせるのは、現代の私達にも通じます。

スサノオノミコト（素戔男尊）

タイプは【天－1－男】（パー）

束縛を嫌い、自分の直感とイメージで自由に行動し、可能性を追求するあなたの素質は、ヤマタノオロチを退治し家族を大切にしたスサノオ（ノミコト）です。

【この守護神の特徴】

〈和魂〉（あなたの強み）

感受性が強い／論理展開が得意／多彩な思考力と向上心がある／ピンとくる感性はすごい／行動範囲が広い

〈荒魂〉（気をつける点）

我が強い／気分屋で面倒くさがり／感情の起伏が激しい／束縛や細かい作業が苦手／人の話をあまり聞かない

【あなたの素質】

ひらめきや発想が斬新《ざんしん》で天才的なため、誰もがびっくりするような発想を出し、まわりを驚かせます。そのため、目移りせずに集中して行動すれば大きな成果を生み出すことができます。物事に対して自分の信念に根差していれば、柔軟性を持って臨機応変に対応することもできます。また発想や空想が独特なため、情熱を持って論理的に実現のプロセスを展開させる能力にも恵まれています。

しかし、神経が細かい面もあり、まわりに対する警戒心が強いのが特徴です。

普段は穏やかで社交的な性格ですが、感情や気分の起伏《きふく》の激しさが現れることもあります。時々短気なところが出て、感情のコントロールができなくなってしまうことがあります。

あなたは、命令されたり団体行動で束縛されたりすることを嫌います。気が進まないことには面倒くさがって行動しないことがあります。しばしば感覚的で粘りに乏しくムラが多くなりがちですが、本質は自分らしく生きられる環境を求めて努力する行動派です。

【人生における強みと得意分野】

・権威性と成功を求める願望の強さが強みです。
・何事もてきぱきとスピーディに処理することができるため、プロジェクトを正しく展開すること、権威ある組織を創り、拡大・展開することが得意です。
・物品購入の意思決定（優先順位）が速く、有名なものや権威あるものを手に入れます。
・鋭敏な感性がプランを生み出し、実現のための理論構築をします。
・精力的に広範囲を飛び回り、的確な瞬間的判断で変化に対応できます。
・人の心の動きを見抜き、戦略的に話を詰めていくことができます。
・ビジネスでは、何が売れるかを考え、誰もが認める成果をあげたり事業を拡大したりする役割が適任です。

【人間関係】

自分自身が成長し、成功を手に入れるためには、その力となる組織、派閥、偉い人、有名人、権威者、成功者、政治家、その道の大物と付き合いたいと考えます。円滑な人間関係を重視するので、めったに本音を吐くことはなく、対人対応は建前中心となります。ただし、利害関係のない人には本音がいえるかもしれません。

【仕事観】

目に見えない何かを感じ取って、それを論理的にまとめ上げて展開する。

【金銭観】

感覚的で、自分を格好よく見せるためにお金がかかる。

【恋愛・結婚観】

気まぐれで、感性の世界で楽しむ／恋愛とは逆に、経済面、将来性のウエイトが大きい

【好きなタイプ】

自分の心と直感を大切にしてくれる人／お互いの苦労をわかり合えて、安心感を与えてくれる人／弱音を吐かず、いつも元気で輝いている人／国際性豊かな人／束縛しない人／特別扱いしてくれる人

【この守護神の著名人】

島田紳助／テリー伊藤／田村正和／イチロー
マツコ・デラックス／さかなクン／松井秀喜／岡村隆史
石川遼／松本潤／美輪明宏／ジョン・レノン

【あなたは人生をどう生きるべきか】（総括）

あなたは、好奇心旺盛にさまざまな分野に興味を持って、感覚的に素早く行動するタイプです。しかし、自由に行動しすぎるため、周囲からなかなか理解してもらえずに、孤立感を覚え不安がちになります。

人生全般において、刻々と移り変わる状況の中で気ままにスリルを楽しんでいたいため、思い切りはいいのですが、諦めも早いです。

また、束縛されることが苦手で、自由気ままに行動する自分を自覚していますが、半面、そんな自分を安定させたい気持ちも持っています。

あなたは、直感的なアイデアで、考える前に体が動いてしまいます。本人も感覚にまかせているので、まわりの人は余計に理解することができず、「謎の人」と思われています。また、直感には当たりハズレがありますが、それがいつも正しいと思っています。

思いついてすぐ行動に移るため、予定がコロコロ変わることがありますが、関係者に連絡報告することはあまりしません。ところが、一定の礼儀正しさは身につけていますから、後輩たちからも慕われます。

あなたは、人の話を聞く時は数分と持ちませんが、自分が話し出すと長くなります。このギャップにまわりの人は戸惑いを感じます。

あなたは自分で責任を取りたくないと思うのか、トップになるより後方で口数多く指導しながら、誰かに責任を持たせるようなやり方で仕事を進めるため、それについていけない人が多いようです。そのため、企業のトップとしては少し課題が残ります。二番手向きの素質のようです。

人生の目的は、自分だけでなく、集団、組織の中で、お互いに寄りかかっていられるような人生を生きたいと考えます。そして、最終的には自他ともに認められる大物になり、人生において「天下」を取り、自信に満ちた人生を生きたいと思っています。

あなたは、未来に対しての洞察に優れ、知的なアイデアを提案し、作戦を練り、人と物の手配や管理をする参謀本部的役割が得意です。マネジメントにおいては、まずビジョン、可能性を優先させ、目の前のことから実行して、その積み重ねで目的を達成させていく実績至上主義者です。

【守護神からのメッセージ】

【和魂】（あなたの調子がいい時）

家族愛／家族に愛を向ける時です

・・・・・・・・・・・・・・・・・・・・

それは子供達や家族が関係しています。特別な人に恵まれ、その愛を一身に注ぐことができます。その一途《いちず》な愛が力となり、様々な困難を乗り越えることができます。ただし、あなたに愛があるように、他の人にも愛があります。独りよがりにならないように気をつけましょう。

【荒魂】（あなたの課題点）

冷静な感情／優しさを取り戻そう

・・・・・・・・・・・・・・・・・・・・

感情に流されて好き嫌いで判断したり、冷静さを見失い他人に対して冷酷になったり、感情をそのままぶつけていませんか？　一度冷静に呼吸を整えてみてください。また、人に試練を与えようとしていませんか？　今はその時期ではありません。本来の優しさを取り戻してまわりと接してみてください。

【この神様が祀られている神社】

素盞嗚神社（広島県福山市）／八坂神社（京都府京都市東山区）／八坂神社（東京都東村山市）／廣峯神社（兵庫県姫路市）／津島神社（愛知県津島市）／氷川神社（埼玉県さいたま市大宮区）／須佐神社（島根県出雲市）／進雄神社（愛知県豊橋市）／祇園神社（兵庫県神戸市兵庫区）／祇園神社（岡山県倉敷市）／八幡八雲神社（東京都八王子市）／八雲神社（山梨県甲府市）／須賀神社（栃木県小山市）／須我神社（島根県雲南市）／清神社（広島県安芸高田市）／櫛田神社（福岡市博多区）他、全国の祇園神社、八坂神社、弥栄神社、素盞嗚神社、素盞雄神社、須佐神社、天王神社、天王社、津島神社、須賀神社、須我神社、素鵞神社氷川神社、簸川神社八雲神社

スサノオノミコトとはどんな神様か

──人一倍家族思いの心優しき神──

スサノオはイザナキの子で、アマテラス、そしてツクヨミとともに「三貴子《さんきし》」と呼ばれています。

父イザナキは、スサノオに海原を任せますが、まったくいうことを聞きません。それどころか、黄泉の国にいる母親に「会いたい、会いたい」と泣き叫んでばかり。それが幼い頃ならまだしも、あごヒゲが胸元に届くほどに年月を重ねても変わりません。

イザナキは「育て方を間違えた」と後悔し、母のもとへ追放し、隠居します。

スサノオは母のもとへ行くことを許されたと勘違いし、大喜びします。そして、黄泉の国に行く前に姉のアマテラスに挨拶をしようと、高天原（天界）へ行きます。

その時に、高天原の神々を困らせる事件を起こしてしまい、今度は葦原中国（地上）へ追放されてしまいます。

追放されたスサノオは、大蛇に命を狙われて怯《おび》えている親子と遭遇します。その大蛇は頭が八つある「ヤマタノオロチ」でした。

スサノオはこの大蛇を退治して英雄となります。退治した大蛇の尻尾から三種の神器の一つである「草薙の剣（くさなぎのつるぎ）」を手に入れます。そして、大蛇の犠牲にされようとした娘クシナダヒメと結婚し、彼女をとても大切にし、深く愛しました。

スサノオは、一見、力持ちで傍若無人で大業を成せるように見えるのですが、実は心優しく家族を大切にする神様でした。しかし、愛してやまない妻は先に死んでしまいます。

スサノオは悲しみのあまり、娘を連れ、支配していた国をあっさりと捨て去ってしまいます。スサノオは娘に一心の愛を注ぎます。彼は国を支配することよりも、家族を大切にすることを優先したのです。それ故に、我が娘に心を寄せるオオクニヌシにさまざまな試練を与えます。

そうして、この試練を耐え抜いたオオクニヌシを婿と認め、国作りの命を与え、娘を残し去って行きます。大切な娘のことを想い、愛する娘を任せられる男であるかどうかを試したのでした。少しやんちゃですが、憎めない心優しい神様なのです。

力持ちだが淋しがり。みなさんのまわりにもそんな人がいるでしょう。

それがスサノオです。母を慕い、妻を愛し、娘を想う。スサノオの家族を想う気持ちは、最後の最後まで一貫していました。多くの人が課せられた使命と家族への想いのはざまで、もがき苦しみ、自分の想いとは異なる選択をしがちです。他人からなんといわれようと、我が想いを貫く。それもひとつの勇気なのです。

タケミナカタノカミ（建御名方神）

タイプは【天－2－男】（パ－1）

失敗を恐れず、負けず嫌いで一本気。情熱に溢れ何事にも恐れずにぶつかっていくあなたの素質は、信念を持ってタケミカヅチに力比べを挑んだタケミナカタ（ノカミ）です。

【この守護神の特徴】

〈和魂〉（あなたの強み）

チャレンジャー／思い立ったら即の実行力がある／負けず嫌いで一本気／成功願望が強い／義理人情に厚い

〈荒魂〉（気をつける点）

持続力がない／思わぬ壁に弱い／ストレートな言い方で敵を作りがち／気が短くプライドが高い／攻めは得意だが守りは苦手

【あなたの素質】

あなたはハキハキとして気取りがなく、誰とでも打ち解けることができます。

成功願望が強く、目標に対して真面目に全力で努力するため、順調に小さな成功を手に入れることが可能です。あなたは、頭の回転が速く、チャレンジ精神を持って真っ直ぐ行動するのですが、客観的に判断することが苦手なため、視野が狭くなりがちです。中でも、長期的計画に対して、見通しが甘くなるようです。可能性を感じる間は、目標に対して粘り強く何度でもトライします。

内面は明るく知性的、かつプラス思考ですが、几帳面すぎるところや神経質な一面が出てしまうと、理屈っぽくなり、ゆとりに欠けてしまいます。

時折、負けず嫌いな性格が災いし、相手を攻撃してしまうことがあります。しかし本質は、純粋でどちらかといえば、古風な考え方の持ち主で、頼まれると断れない人の良さ、少年のような心があなたの魅力です。

【人生における強みと得意分野】

・基本的に超プラス思考です。
・正当な権威への尊敬と成功したい願望が強みです。
・頭の回転が速く、推理、計算に強く、それをベースに展開すること、権威ある組織を創ることが得意です。
・物品購入の意思決定（優先順位）が速く、有名なものや権威あるものを手に入れます。
・障害をものともせずチャレンジ精神旺盛に物事にトライし、くじけず行動していきます。
・好奇心が旺盛で可能性に挑戦する行動派です。
・会社や自分の大きくなる可能性をトコトン追求し、展開することが得意なので、市場の新規開拓、進出拡大で大きな戦力になります。

【人間関係】

自分自身が成長し、成功を手に入れるため、組織、派閥、偉い人、有名人、権威者、成功者、政治家、その道の大物と付き合いたいです。

人間関係を重視するので、めったに本音を吐くことはなく、対人対応は建前中心となります。

ただし、利害関係のない人には本音を口にするかもしれません。

【仕事観】

目標に到達するまで何度でもチャレンジする。

【金銭観】

計算は素早い。頼まれごとに弱い。

【恋愛・結婚観】

行動的でさまざまな場所に出かけ、積極的に恋愛する／この人と決めたら一直線に押しの一手でゴールする

【好きなタイプ】

自分の感性と直感を大切にしてくれる人／安心感を与えてくれる人／苦労をわかってくれる人／弱音を吐かず、い

つも元気で輝いている人／国際性豊かな人／枠にはめない人

【この守護神の著名人】

草彅剛／三木谷浩史／織田裕二／花田虎上／江原啓之
山中伸弥／DaiGo／石田純一／松山千春

【あなたは人生をどう生きるべきか】（総括）

あなたは、頭の回転が速く、理論立てて物事を考えることができます。また、すべての神様の中で、一番好奇心が旺盛です。

そのため、自分の知らないことや珍しいものは気になって仕方がないので、すぐに首を突っ込みたがります。

失敗してもケロッとしているので、反省が足りないと誤解されやすい。だからといって、失敗した時に、あれこれ原因を探して反省を求められると「自分の失敗は自分が一番わかっているのだから、しつこいことはいうな」と憤慨します。

タケミナカタ、ヤガミヒメのタイプの部下を持っている上司は、失敗しても叱り過ぎないように注意しましょう。また、「行動が先走りすぎて空回りしていないか？」「中途半端になっていないか？」と助言してあげるといいでしょう。

あなたは、数字、計算にとても強く、特に積算力にかけては群を抜いています。もしあなたが主婦なら、ちゃんと家計簿をつけていることでしょう。ただ、合理性を常に追求し続けるあまり、度が過ぎてしまうことがあります。

あなたは、仕事となるとニコリともせず、ズバズバと処理していきます。また、対人関係においてもとても厳しくなります。

ところが、ひとたび仕事を離れると、別人のように付き合いのいい気さくな人に変わります。

あなたが自ら何かにアタックするときはフルに力を発揮しますが、受け身に回ると不思議と弱くなります。

それは他人の気持ちを察するのが不得意だからです。人を相手にすると、どうしたらいいのか見当がつかないからです。

あなたは、何かを丹念に手入れをして育てたり、毎日同じことを繰り返したりすることが大変苦手です。例えば、部屋の模様替えは一生懸命行いますが、毎日の掃除などはついついおろそかにしがちです。同様に仕事においても単純作業などではミスが多いのが特徴です。

生き方としては、純粋な気持ちと夢を忘れず、好奇心旺盛に可能性を追求し続けます。

あなたは、商品や自分の可能性を追求し、無駄を除去して、合理的に付加価値をつけることが得意です。また、頭の回転が速く、チャレンジ精神と好奇心が旺盛で、可能性に挑戦していくため、現場の第一線で先頭を切って行動する突撃隊長的役割が適任です。

マネジメントにおいては、まず希望、可能性を優先させるタイプですが、最終的には実績重視型です。目の前のことから実行して、その積み重ねで目的を達成させていくタイプです。

【守護神からのメッセージ】

【和魂】（あなたの調子がいい時）

初心回帰……………………………………………

「諦める」と「見極める」の違いを知る時です。初心に返り、課題を見つめ直し、再起するための準備期間と考えましょう。方法はいくらでもあります。道は一つではありません。自分が決めた道を疑うより、自分を信じることを選んでください。見極めた先に大きな成功が待っています。

【荒魂】（あなたの課題点）

挑戦……………………………………………………

あなたにはパワーがあります。迷っているのならば、臆《おく》せず挑戦してみてください。今は自分の限界に挑戦する時です。失敗を恐れず、自信を持って取り組んでください。また、その姿が多くの人を励ますでしょう。

【この神様が祀られている神社】

諏訪大社上社前宮（長野県茅野市）／諏訪大社下社春宮（長野県諏訪郡）／諏訪大社下社秋宮（長野県諏訪郡）／諏訪神社（長崎県長崎市）／諏訪神社（新潟県魚沼市）／諏訪神社（福井県越前市）／諏訪神社（島根県出雲市）／諏訪神社（山梨県甲州市）／諏訪神社（長野県南佐久郡）／諏訪社（長野県長野市）／諏訪神社（静岡県湖西市）／周方神社（山口県周南市）／諏訪神社（群馬県高崎市）／諏訪社（富山県富山市）／諏訪神社（岐阜県中津川市）／諏訪神社（山梨県甲府市）／諏訪神社　中社（山梨県北杜市）／諏訪神社（山梨県北杜市）／諏訪大神社（山梨県甲斐市）／波布比咩命神社（東京都大島町）他

タケミナカタノカミとはどんな神様か

――決意の力により勇気を与えた神――

タケミナカタは、諏訪《すわ》大社の祭神であり、オオクニヌシの子です。

タケミナカタの「ミナカタ」は「水潟」に通ずるとされ、水神である竜神や蛇神の姿で描かれています。

アマテラスの命を受けたタケミカヅチが、オオクニヌシに国を譲るよう迫ります。オオクニヌシは二人の息子にそれを告げました。

オオクニヌシの一人目の息子コトシロヌシはすんなりと快諾します。しかし、その話を立ち聞きしていたもう一人の息子が抵抗します。

それが諏訪大社の祭神であるタケミナカタです。

「ここでひそひそ話をしているのは誰だ。何を勝手なことを言っている！　それならば力くらべをしようではないか」

この言葉で力くらべをすることになったタケミナカタとタケミカヅチ。この力くらべが「相撲」の起源とされており、出雲大社の式年遷宮（しきねんせんぐう・新たな社殿に周期的に神体を移すこと）では相撲が執り行われます。

タケミカヅチの力を前に、タケミナカタは抵抗します。タケミナカタの力を認めたタケミカヅチは遂に剣を抜いてしまいます。

本気を出したタケミカヅチを前にタケミナカタは諏訪湖へ逃げ込んでしまいます。タケミナカタはタケミカヅチの力を認め「感服しました」と告げます。

その後、タケミナカタが祀られるようになったのが、諏訪大社なのです。

最後まで抵抗し続けた神様、タケミナカタは「決意の神様」です。

一度決めたことは最後まで貫き、諦めない。その強い決意が人を成長させ、自信を与えてくれます。さらには、その自信を公のために発揮することで、多くの人に勇気を与えてくれます。

タケミナカタはその後、諏訪の地で軍神となり、民に力と勇気を与えました。

自分と変わらないほどの能力の人間が、努力によって大きな力を得ることは、多くの人の手本となり、勇気を与えてくれます。

天才的で類い稀なる才能があり、努力を必要としない人には伝えられないことなのです。一度決めた道を疑いそうな時、やると決めた決意を疑ってしまうのは、「自分の心」を疑うことです。最後の最後まで意志を貫き、諦めない姿勢は多くの民に勇気を与えました。

「自らの疑いに勝ち、信じるものによって立ち上がれ。起きることすべてを信頼せよ」

これが諏訪大社の祭神、タケミナカタの姿勢なのです。

タケミカヅチノカミ（建御雷神）

タイプは【天－3－男】（パー）

誇りと強い意志を持って、ミスや妥協を許さず目的を実行していくあなたの守護神は、最も強い力を持ちながら、武力に頼らない駆け引きで国譲りを成立させたタケミカヅチ（ノカミ）です。

【この守護神の特徴】

〈和魂〉（あなたの強み）

礼儀礼節を重んじる／人が気づかないところに気がつく／責任感が強く、面倒見がいい／統率力があり、完璧を目指す／弱音を吐かない粘り腰がある

〈荒魂〉（気をつける点）

頑固一徹完璧主義／常識や秩序にこだわる／いわなくてもわかると思っている／警戒心が強い／大きく漠然とした話が多い

【あなたの素質】

失敗や妥協を許さず、弱音を吐くことなく努力を続ける忍耐強さがあります。礼儀正しく上下関係を大切にするので、人当たりが良く、穏やかでさっぱりした人物です。合理的な考え方をし、あるべき姿を追求するため、融通が利かない一面もあります。

冷静に判断し、情に流されたり、感情的になったりせずに、自分の意志を貫くことができますが、他人の意見を聞き入れない頑固さは、周囲から堅苦しく感じられることがあります。

そして、完璧を目指すため、自分に対しても他人に対しても厳しくなり、まわりに対しても細かいことまで指摘します。それは責任感と面倒見の良さの表れです。

外見に気を使っているため派手に見られますが、内面は質素でラフなスタイルを好みます。

本質は権威を重んじる完璧主義者でエリート気質、持ち前の統率力と指導力で成功を手にしていくことができます。

【人生における強みと得意分野】

・世間体を考え、モラルや常識に反することはしません。
・権威性と「成功したい」という願望が強みです。
・頭の回転が速く、推理、計算に強く、展開すること、権威ある組織を創ることが得意分野です。
・「有名なもの」「権威のあるもの」が買い物の優先順位。
・何事も完璧を目指して最後まできちんとやり遂げるので、ミスが少ないです。
・自分にも他人にも厳しく、確固たる信念のもとに我慢強く行動します。
・謙虚な姿勢で、慎重に言葉を選び、無責任なことをいいません。

【人間関係】

自分自身の成長、成功を手に入れることを望み、組織、派閥、地位の高い人、有名人、権威者、成功者、政治家、その道の大物と付き合いたいと考えます。人間関係を重視するので、すぐには本音を明かさず、まずは建前で対応します。

その一方で、利害関係のない人には本音で付き合えるかもしれません。

【仕事観】

責任感があって細かい気配り、目配りができるので、単独ではなく組織やチームプレイで仕事や物事を拡大させます。

【金銭観】

普段は質素で節約家ですが、他人と一緒にいる時は気前よく振る舞い、出費を惜しみません。

【恋愛・結婚観】

要領はよくはないが、ムードを作ってリードしていく／外では完璧主義でまわりに気を使っているので、家庭内では気を張らずに甘えたがる

【好きなタイプ】

自分の心と直感を大切にしてくれる人／苦労をわかって、安心感を与えてくれる人／弱音を吐かず、いつも元気で輝いている人／国際性豊かな人／束縛をしたり、枠にはめたりしない人

【この守護神の著名人】

孫正義／萩本欽一／浜田雅功／松本人志／菅原文太

妻夫木聡／松田優作／水谷豊

【あなたは人生をどう生きるべきか】（総括）

完璧主義者で、常にミスのない立派な自分でありたいと思っており、自分に対しても他人に対しても、妥協や中途半端は絶対に許さない厳しさを持っています。ただ、真面目すぎて臨機応変な対応が苦手です。

そのせいか、時にミスを認めず隠してしまうところがあります。

普段は謙虚でありながらも堂々としており、決して人に甘えることができないだけに、まわりからはプライドが高い人と感じられてしまいます。あなた自身も「完璧」にこだわり、ジッと歯を食いしばってがんばっているのは、「あの人は過ちをしない、あの人の考えには誤りがない」と尊敬されたいと願っているからです。

一方で、気を許した人や安心できる人の前では、自分をさらけ出して甘えることもあります。周囲の人はそのギャップに驚いてしまうこともあります。

他人に褒められたり、特別扱いを受けたりすると「それほどでもありません」と謙虚に対応しますが、内心では「当然」と思っていることも少なくありません。他人からの評価があなたの原動力となっています。

普段はあまり細かいことにこだわらないように見せますが、実は、過ちがないように事前にキチンと準備や根回しをすませないと何事も取り掛かろうとしません。しかし、取り掛かり始めたら、目的に向かって進んでいきます。

権威ある人や自分より力量のある人を見つける能力に優れていますが、力量の差で人間関係が決定されると信じており、一方でそうではない人を見下す傾向があります。また、相手が顧客や取引先であっても、自分より力量が低いと判断すると、ガラリと態度が変わってしまうことがあります。

権威志向を持ち、完璧さを求め、努力や忍耐で道を切り開いていくことを目指すタイプといえます。仕事においては、独断で行動するよりも、組織をまとめていく指揮官的役割が適任です。

販売促進や顧客の拡大を図ることに力を発揮します。目の前のことからコツコツ努力して、その積み重ねで目的を達成していくタイプです。

しかし、実力以上のことをやり過ぎてしまうことがあります。

【守護神からのメッセージ】

【和魂】（あなたの調子がいい時）

交渉成立／力に頼らず交渉する

…………………………………

あなたがこれまで一番取り組んで来たことを思い出してください。そのために数え切れない努力をしてきましたね。その努力は、腕力や権力を使うことなくことを収める、最強の交渉力として発揮できるでしょう。

【荒魂】（あなたの課題点）

正義／和合・人を活かす時です

…………………………………

自分を過信し、力で相手を押さえ込もうとしていませんか？　正義を振りかざすことは、同時に相手を否定することにもつながります。まわりが見えなくなっているかもしれません。相手を打ち負かすよりも、和合することが大切です。

【この神様が祀られている神社】

鹿島神宮（茨城県鹿嶋市）／春日大社　夫婦大国社（奈良県奈良市）／石上神宮（奈良県天理市）／真山神社（秋田県男鹿市）／古四王神社（秋田県秋田市）／鹽竈神社（宮城県塩竈市）／大原野神社（京都府京都市西京区）／吉田神社（京都府京都市左京区）／鹿嶋神社遥拝殿（栃木県佐野市）／鹿島神社（福島県福島市）／鹿島神社（宮城県栗原市）／鹿嶋緒名太神社（宮城県亘理郡亘理町）／鹿島御児神社（宮城県石巻市）／鹿島天足別神社（宮城県黒川郡富谷町）／鹿島天足和氣神社（宮城県亘理郡亘理町）／春日神社（福井県あわら市）／賀茂春日神社（山梨県笛吹市）／加太春日神社（和歌山県和歌山市）／美歎神社（鳥取県鳥取市）／劔神社（山口県防府市）／ほか、全国の鹿島神社、春日神社

タケミカヅチノカミとはどんな神様か

――武力に頼らない徳の武神――

タケミカヅチは高天原最強の武神で、国譲りの際に使者として派遣された神様です。「武神」と呼ばれるタケミカヅチですが、交渉の際に武力を行使することはありませんでした。タケミカヅチの物語の中では、日本独自の哲学である「武士道」が描かれています。タケミカヅチの物語から、武道で大切な仁・礼・義を学ぶことができます。そもそも、「武」とは何なのでしょうか。

ジンムテンノウは「武」について次のように述べています。

神武とは【最も優れた知であり、計り知れない勇を備え、人民の生命を尊重する仁を兼備した者】である、と。

このことから、「武」はむやみやたらに人を殺すことではないということがわかります。本来あるべき「武」とは、人を殺すために身につけるものではなく、人を殺さないために身につけるものなのです。

若いときは、勝負に勝つことに拘ります。そのために、木刀を振るいます。しかし、木刀が真剣に変わると、いかに剣を抜かないかが、勝負の分かれ目になるのです。武士は剣を抜いたら負けだといわれます。だから、殺傷能力を高めるために腕を磨くのではなく、剣を抜かせない気迫をつけるために修業を積んだのです。

それでは、タケミカヅチはどうして武力を行使せずに交渉をすることができたのでしょうか。タケミカヅチに国譲りの交渉を受けたタケミナカタは、抵抗しました。そこで力くらべを行うことにします。この時、剣を抜いたのは、タケミカヅチのほうでした。

さて、これをどう考えたらよいでしょうか。

剣を抜かなければならないほど、タケミナカタの力はタケミカヅチの力と均衡《きんこう》していたということです。つまり、タケミカヅチはこの時、タケミナカタの力を認めたことになります。

最後はタケミカヅチに軍配が上がりましたが、この時、「感服しました」と互いの力を認め合い、互いに礼を尽くしたのです。

これでお互いが遺恨を残すことはありません。武道の中心にあるのは「義」と「礼」です。勝負によって物事を決める時、勝負に勝ったものが正しくなります。つまり、力が正義ということになります。

しかし、本当に大切なのは「義」ではなく、「礼」なのです。いくら義によって正しさを証明したとしても、互いが礼に終わらなければ、武道とはいえません。礼に始まり、礼に終わる。武道において最も大切なことです。それを忘れないタケミカヅチは、柔道や剣道などの武道館でも祀られています。

ジンムテンノウ（神武天皇）

タイプは【天－4－男】（パー）

まわりの状況や周囲の意見に惑わされることなく、何事も努力と根性で取り組むあなたの素質は、大和国を平定し、初代の天皇に即位したジンムテンノウです。

【この守護神の特徴】

〈和魂〉（あなたの強み）
即断即行動するその道のプロ／職人を目指す真面目な努力家／正義感がある行動／実践に全力投球

〈荒魂〉（気をつける点）
せっかちで待てない／柔軟な対応が苦手／「報・連・相」が苦手／ゆとりがない

【あなたの素質】

苦労をモノともせず、信じた道をまっすぐに突き進み、思いついたら即実行の弱音を吐かない熱血漢です。そして、記憶力、同化力、吸収力に優れ、プロ意識が高いタイプです。

心のゆとりを持てる環境を好みます。人付き合いは積極的に行いますが、普段から自分の世界を持っており、自分の世界が他人に侵されることを極端に嫌います。頑固なところがあり、回りくどい説明はせず、感情はストレートに表現します。

非常に正義感が強く、しばしば相手を傷つけたり、ないがしろにしたりするような言動をすることがあります。努力と根性をモットーに責任感が強く何事も真面目に取り組みます。そして、持ち前の行動力でリーダーシップを発揮します。自分にも他人にも厳しいところがありますが、弱いものの味方になる優しい人柄です。本質は独立心が強く、粘り強さがあり、困難に立ち向かう力強さが魅力です。

【人生における強みと得意分野】

・成功したいという強い願望を持てます。
・不言実行、やるべきことをきちんとやって、努力と強い意志で道を切り開いていきます。
・妥協を許さない厳しいプロ意識を持っており、新しい事業を展開すること、質の高い組織を創り拡大することが得意です。
・器用さや多様性があるため、信頼されます。
・物品購入の意思決定（優先順位）が早く、有名なもの権威あるものを手に入れたがる傾向があります。

【人間関係】

自分自身が成長し、成功を手に入れるため、組織、派閥、偉い人、有名人、権威者、成功者、政治家、その道の大物と付き合いたいです。円滑な人間関係を求めるので、めったに本音を吐くことはなく、対人対応においては建前中心となります。ただし、利害関係のない人には本音がいえるかもしれません。

【仕事観】

今日の可能性を最大限に考えて、行動し努力する。

【金銭観】

基本的には節約家だが、自分を高めるためのスキルアップには投資する。

【恋愛・結婚観】

自由に生きたい。他人からは干渉されたくない／体よりも心のつながりを重視する／経済面、精神面ともに安心できる人。家庭人でありたい

【好きなタイプ】

自分の心と直感を大切にしてくれる人／束縛しない人／お互いの苦労をわかり合えて、安心感を与えてくれる人／弱音を吐かず、いつも元気で輝いている人／国際性豊かな人

【この守護神の著名人】

稲盛和夫／中居正広／谷原章介／コロッケ／石原慎太郎

片岡愛之助／落合博満／橋下徹／貴乃花光司／稲葉浩志

【あなたは人生をどう生きるべきか】（総括）

あなたは、かなりの心配性です。心配の種があると、自分のことで手が一杯になり、人にかまっている余裕などありません。また、いつ危機が訪れ、逆境にさらされても自分が安心できる環境を整えるまで、努力を惜しみません。

逆に、何かに打ち込んだりのめり込んだりしないと、不安で押し潰されそうになります。

そして、なにごとであれ、口でいうよりは、まず実践、行動を優先します。妥協できない性格のため、手当たり次第にやってみたり、試してみたりする行動につながっていきます。

また、与えられた仕事を黙々とやり遂げることに、人生の意義を感じており、他人にもそれを求めます。そして、記憶力に優れており、一度耳にしたこと、目にしたことを忘れることはありません。それがあなたの強い力となっています。学習能力が非常に高い人といえます。

そして周囲との協調を大切にし、スムーズな人間関係を築きますが、共同作業などにおいては、やり残すことがないように、自分のやるべきことはキッチリ仕上げます。他人への甘えや依存もなく、境界線をしっかり引いています。

また、あなたは、起こっているトラブルの問題点を見つけ出す能力に長けています。しかし、実際に行動して解決することは得意ではありません。

パニックに陥《おちい》ることがあり、そうなると問題の本質とは無関係なささいなエピソードを持ち出し、的はずれな批判を始めます。そして、「後がない」という恐怖感に襲われることもあります。すると、「早く、早く」と他人を責めてしまったりすることがあります。

あなたは、「もっと落ち着いたら」とよくいわれます。ですから、長期的計画や壮大なロマンにはついていくことができません。

仕事のシーンでは、妥協できない性格のため、その日の仕事はできるだけその日のうちにすませないと気がすみません。そのため、残業するのも平気です。プロ意識が高く、キチンとけじめをつけますから仕事に波がありません。

あなたが人生に求めるものは、プロ意識、達成感、権力、多角化です。そして現場の最前線で、成功する商品の開発や自分の飛躍を目ざしつつ奮闘します。しかし、自らが主役を演じるのではなく、根回し的役割が適任です。

ライフスタイルが規則的なため、単調な仕事でも持続性が高いのも特徴です。マネジメントにおいては、まずリスク軽減を優先するタイプで、実績重視型です。

［守護神からのメッセージ］

【和魂】（あなたの調子がいい時）

始まりの時／何かを始めるのに良い時期です

・・・・・・・・・・・・・・・・

夢に向かって行動を起こしてください。何かを始めるのも良い時でしょう。視野を広げ、可能性に向かう時です。応援してくれる人が現れるでしょう。仲間と取り組んでください。それぞれの良さが尊重されます。自我を取り除き、相手を尊重することでうまくいきます。大切なことは正義ではなく心です。

【荒魂】（あなたの課題点）

孤独／孤独に打ち勝つ力が必要です

・・・・・・・・・・・・・・・・

周囲とのずれが生じやすい時です。孤独を感じるかもしれません。目的意識をしっかり持ち、あなたの強い意志で立ち向かってください。自分と戦い、打ち勝つ強さがあなたにはあります。止まらず突き進みましょう。

【この神様が祀られている神社】

橿原神宮（奈良県橿原市）／宮崎神宮（宮崎県宮崎市）／狭野神社（宮崎県西諸郡高原町）／多坐弥志理都比古神社（奈良県磯城郡）／多家神社（広島県安芸郡府中町）／神島神社（岡山県笠岡市）／高嶋神社（岡山県岡山市）／道相神社（京都府南丹市）／高千穂神社（宮崎県西臼杵郡高千穂町）／吉備津彦神社（岡山県岡山市）／宇奈岐日女神社（大分県由布市）／多々神社（新潟県柏崎市）／賀茂神社（福井県福井市）／佐佐牟志神社（福井県丹生郡越前町）／飛驒一宮水無神社（岐阜県高山市）／霧島東神社（宮崎県西諸県郡高原町）／霧島神宮（鹿児島県霧島市）／三宅神社（宮崎県西都市）／東霧島神社（宮崎県都城市）／鵜戸神宮（宮崎県日南市）／玉置神社（奈良県吉野郡十津川村）他

ジンムテンノウとはどんな神様か

――私を捨て公に生きる神――

カムヤマトイワレヒコという名前だった神武天皇は、九州日向（宮崎県）で三男、または四男として生まれたといわれています。生まれながらにして、明達（道理をわきまえていて、聡明であること）で強い意志を持っていたカムヤマトイワレヒコは、十五歳で皇太子となり、四十五歳で兄たちを連れ東征へと向かいました。その後、大和国を平定し紀元前六六〇年二月十一日に即位し、初代神武天皇となり、この日が建国記念の日になっています。神武天皇が五十二歳の時だったといわれています。

これが、神武天皇がこの国の創始者であるといわれる由来です。今、この世の中に現存している名だたる企業も、創始者の名前は有名ですが、二代目の名前を知っている人間は極端に少なくなります。それほど「創始者」というのは偉大であり、後世に語り継がれる存在、ということです。

神武天皇は、大和国を平定しましたが、この時、三人の兄たちは力尽きていました。ニニギが天孫降臨して約百八十年余りでしたが、いまだ全土を統一していませんでした。

カムヤマトイワレヒコは、宮崎県から大分宇佐に辿《たど》り着き、福岡県の岡田宮に一年止まり、広島、兵庫、大阪へと向かいます。そして船で大阪へ着くと、トミノナガスネビコが軍を率いて待ち構えていました。両者は戦いますが、カムヤマトイワレヒコの長兄であるイツセは腕に矢を受け負傷してしまいます。イツセは「日の御子である我々は、日に向かって戦ったことが良くなかった。回り込んで日を背負って戦おう」といって移動します。しかし、イツセはその傷がもとで死んでしまい、カムヤマトイワレヒコも熊野に入りますが、体調を壊してしまいます。また、従う兵も寝込んでしまいました。

これを見たアマテラスがタケミカヅチに「我々の子孫が地上で苦戦している。元々あなたが説得して譲り受けた国だから、あなたが行って助けなさい」と伝えました。するとタケミカヅチは、「私が行かなくとも、国譲りの際に国を平定した剣を降ろせばよい」といいました。そして剣を受け取ったカムヤマトイワレヒコは、たちまち起き上がり、熊野の軍は自ら切り倒れてしまったのです。そして、カムヤマトイワレヒコは大和を平定します。

神武天皇の「神武」とは【もっとも優れた知であり、計り知れない勇を備え、人民の生命を尊重する仁を兼備した者】という意味であると同時に【むやみに人を殺すことが武ではない】という意味です。

さらに、即位した際「天下を一家と考え、自分が正しいことを行ってその心を広めたい」と述べています。人は、人の上に立てば、何でも自分のいう通りにいく、と勘違いしがちです。それこそが独裁であり、自我です。つまり、自分が正しいと思うことは人それぞれなので「自分が正しいと思うことをやりなさい」ということで、その正しいと思う心を広めて、この国を守りたいといっているのです。

神武天皇は三人の兄弟と東征に向かいますが、最後は一人になってしまいます。創始者とはそれほど孤独であり、その孤独に打ち勝ってこそ、大業を成せるのです。この時の孤独とは【私を捨て、公となる】。このことを指しています。

イザナキノミコト（伊耶那岐命）

タイプは【天―1―女】（パー）

直感や感性が鋭く、じっとすることが苦手で自由気ままに行動するあなたの素質は、イザナミ（ノミコト）と国生みを行なった愛情深いイザナキ（ノミコト）です。

【この守護神の特徴】

〈和魂〉（あなたの強み）

感性豊かな自由人／感覚的に行動する／感受性と客観性を併せ持つ／直感や状況判断が優れている／正直者・情熱的

〈荒魂〉（気をつける点）

寂しがり屋／神経質でわがまま／警戒心が強い／気が乗っているか否かで言動の差が激しい／何事も大げさ

【あなたの素質】

ハツラツとして愛嬌もあり、人の面倒をよく見るあなたは、年下の人から慕われるタイプです。かつ、難題に対して解決策を講じる頭の切れは抜群です。そして、直感と知性的判断を心掛けた理論的な話し方をします。とっさの状況判断に優れ、臨機応変な対応も的確にできます。繊細かつ感受性が豊かなために神経を張り詰めて人に接していることが多く、長く人と一緒にいると疲れてしまう傾向があります。ですから、ひとりの時間を過ごすことはとても大切です。

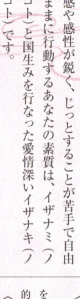

普段から自由とフィーリングを大切にし、直感や感情で情熱的に行動します。そのためか、気分の落差が激しくて、何事にもすぐに飽きてしまうことが多いようです。常に変化に富んだ生き方を求めます。

また、集団の中では一定の評価や地位を得たいと願っていますが、命令されたり束縛されたりすることを嫌い、集団を抜け出して自由な環境を求めたくなります。

本質は、活動的で情にもろいタイプです。無限大の可能性を追い求め、自分の感性を大切にしながら自由奔放に生きる天才肌の人です。

【人生における強みと得意分野】

・まわりからの高い評価、成功を素直に求める傾向が強みです。
・何事もてきぱきとスピーディに処理することができるため、大きなプロジェクトを展開したり、大事業を成功させる組織を創ったりすることが得意です。
・事業への投資や物品購入の意思決定（優先順位）が速く、生産性の高いもの、価値のあるものを失敗せずに手に入れます。
・感性的なひらめきに優れ、その理論構築も巧みです。
・必要と感じたら、素早く広範囲を飛び回り、的確な瞬間判断で変化に対応していきます。
・人の心の動きを見抜いて戦略的に話を詰めていくことができます。
・ビジネスにおいても、例えば何が売れるかを読み取り、誰もが認める成功を収めたり、組織を大きくしたりする役割に向いています。

【人間関係】

自分自身が成長し、成功を手に入れるために有益な組織、地位の高い人、有名人、成功者、政治家など、成功のキーマンとなる人物との関係を築くべきです。

個人的なサークル以外では、本音一辺倒ではなく、建前中心での折衝《せっしょう》も必要となります。ただし、利害関係のない人との間では本音を漏らすこともあるでしょう。

【仕事観】

鋭い感性でプランを生み出し、実現のための理論構築ができる。

【金銭観】

感覚的で、格好よく見せるためにお金がかかる。

【恋愛・結婚観】

気まぐれで、瞬間的な恋愛世界で楽しむ／結婚においては、恋愛とは逆に、経済面、将来性にウエイトを置く

【好きなタイプ】

自分の心と直感を大切にしてくれる人／お互いの苦労をわかり、安心感を与えてくれる人／弱音を吐かず、いつも元気で輝いている人／国際性豊かな人／束縛しない人／特別扱いしてくれる人

【この守護神の著名人】

大竹しのぶ／椎名林檎／千秋／長谷川京子／小林幸子
華原朋美／杉本彩／秋野暢子／滝川クリステル
観月ありさ／藤原紀香

【あなたは人生をどう生きるか】（総括）

あなたは、お人好しで、いたずらっぽいムードを持っています。そして愛嬌もあって社交上手に思われがちですが、実際はずいぶん神経を張り詰めて人に接しています。

本質的には、それほど人なつっこい性分ではなく、どちらかといえば、自分の考えていることを知られたくないほうです。また、無理に取り繕っているため、緊張しすぎてすっかり疲れてしまいます。人の前では、仏頂面をしていることのほうが多いかもしれません。気分の浮き沈みが激しく、感情のままに行動しがちでもあります。

普段はいたって論理的であり、合理的な見方をしますが、感性を大切にしているので人を直感だけで判断するような面があります。そして好き嫌いが多く、ハッキリしているので、抑圧されることには耐えられません。

あなたは、ピンときたら即行動し、フットワーク軽く動きます。さらに、自分の時間を自由に楽しみたいという傾向が強く、干渉せずに放っておいて欲しいと思う時があるようです。また、「無から有を生み出す」ことが好きな面をもっています。

何でも器用にやってのける才能の人ですが、勝ち気で情熱的で感情の起伏も激しく気まぐれなところがあります。口うるさいと思われるほど人の面倒を見るタイプです。気持ちの向くまま生きる自由さがあります。そして、フィーリングを大切にする多感な人間ですが、気分の落差が大きくアンバランスな面があるようです。

テキパキした自分とロマンチストな夢を見る自分が同居しているあなたですが、一方で客観的に理屈にかなった分析ができます。そして多種多様なフィーリングを持っていて、心の葛藤があるので愚痴が多くなりがちです。

投げやりになりやすいのが欠点のあなたですが、あれこれいらぬことまで世話を焼きたがり、ちょっと口うるさいところがあります。そして、警戒心が強いわりには誉め言葉に弱く、口車に乗せられやすいのがウィークポイントです。

【守護神からのメッセージ】

【和魂】（あなたの調子がいい時）

新たな誕生／アイディアが生まれる時

・・・・・・・・・・・・・・・・・・・・・・

あなたが思い浮かべるアイディアが形になる時です。そのためには、まず行動に移して下さい。それを支援する人が現れます。失敗しても修正できます。その揺るぎない絆で次から次へと形が整います。

【荒魂】（あなたの課題点）

誤解を解く／誤解しているかもしれません

・・・・・・・・・・・・・・・・・・・・・・

自分が正しいと思うばかりに、相手のことが見えなくなっていませんか？　ちょっとした言葉や態度を疑い、誤解が生じているかもしれません。一つのボタンの掛け違いから、思わぬ方向に進むかもしれません。今は慎重になり、言葉で伝えることを意識してみてください。コミュニケーションを取ることで、誤解を解き、問題を克服することができるでしょう。

【この神様が祀られている神社】

伊弉諾神宮（兵庫県淡路市）／おのころ島神社（兵庫県南あわじ市）／多賀大社（滋賀県犬上郡多賀町）／江田神社（宮崎県宮崎市）／伊佐奈岐宮（三重県伊勢市）／三峯神社（埼玉県秩父市）／筑波山神社（茨城県つくば市）／常陸國總社宮（茨城県石岡市）／熊野神社（千葉県四街道市）／熊野速玉大社（和歌山県新宮市）／佐太神社（島根県松江市）／伊邪那岐神社（奈良県北葛城郡上牧町）／伊射奈岐神社（奈良県天理市）／伊射奈岐神社（大阪府吹田市）／鷲尾愛宕神社（福岡県福岡市）／多賀神社（福岡県直方市）／熊野権現桃太郎神社（香川県高松市）／熊野神社（神戸市中央区）他、全国の伊邪那岐神社、熊野神社

イザナキノミコトとはどんな神様か

――愛がもたらした代償と闘った神――

イザナキとイザナミは、男女の性別を持った、最初に夫婦になった神様です。「イザナ」は「誘う（いざなう）」の語源であり、誘い合う男と女を意味する言葉が生まれ、ここから「愛」が誕生したといわれています。それまでの神は永遠でしたが、この二人により「愛」が生まれ、その代償として「死」を受け入れたのです。

イザナキは、「国生み」「神生み」において、イザナミとの間に日本国土を形作る多くの子をもうけます。そして、イザナミが火の神であるカグツチを生んだ際、それが原因で死に至り黄泉《よみ》の国へ逝ってしまいます。しかし、イザナキは、諦めきれず黄泉の国まで迎えに行きます。すると、彼女は「こちらの食べ物を食べたからもう戻れない」と答えたのですが、イザナキはどうしても諦められません。

「それでもなんとか戻ってきてほしい」

「どうしても一緒にいたい」

そう懇願《こんがん》すると、彼女はこう答えます。

「それでは、こちら側の神様に相談するから、しばらく待っていてほしい。その間、決して中を覗かないと約束してほしい」

いわれた通りにしばらく待っていたイザナキは、一向に戻ってくる気配がないので不安になり中を覗いてしまいます。

イザナキがそこで見たのは、腐敗し、体中にウジが湧いている変わり果てた妻の姿でした。その姿を見るなり、イザナキは慌てて逃げだしてしまいます。約束を破ったことに激怒したイザナミは、悪魔を放ち、イザナキを追いかけます。最終的には、イザナミ自らが追いかけてきますが、黄泉の国の出口を大岩で塞ぎ、「お前とは離縁する」と言い放ちます。この時のイザナキには、彼女の傷心を察するほどの心の余裕はなかったのです。それどころか、美しかった妻の変わり果てた姿と、鬼のような形相に怖気づき、愛も一瞬で冷《さ》めてしまっていたのです。

イザナミはこうなることを予測していました。約束しておいたにもかかわらず、その約束を破り、自分を正当化しようとするイザナキに激怒し叫びます。

「お前の国の人間を一日千人殺してやる」

イザナキは言い返します。

「それならば、私は一日千五百人生んでやる」

死ぬほど愛し合っていた二人の愛は、こうして呆気なく終焉《しゅうえん》を迎えました。「愛」を選び「死」を受け入れたにもかかわらず、脆《もろ》くも崩れ去った儚《はかな》い愛。ボタンの掛け違いから始まり、縺《もつ》れた糸はもう二度と、元に戻ることはありませんでした。愛の深さそのものは素晴らしいものですが、あまりに深いが故にときにおたがいに猜疑心《さいぎしん》の虜《とりこ》になってしまいます。それが災いの元となってしまうのです。

ヤガミヒメ（八上姫）

タイプは【天－2－女】（パー）

いつも好奇心旺盛で、自分の気持ちや考えに素直に行動し、曖昧なことを嫌うあなたの素質は、因幡の白兎伝説で有名なヤガミヒメです。

【この守護神の特徴】

〈和魂〉（あなたの強み）
チャレンジ精神旺盛／即行動する／頭のキレが良い／白黒ハッキリしている／超プラス思考

〈荒魂〉（気をつける点）
あきらめが早い／見栄っ張り／人の好き嫌いがはっきりしている／軽はずみ的なお人好し／負けん気が強いため、生意気に見える

【あなたの素質】

持ち前のプラス思考でいくつになっても大きな夢を持ち、社会的成功を達成しようとする努力家です。清潔感とセクシーさで、健康的色っぽさを感じさせるところがあります。頭の回転が速く、活発な行動力で主導権を握るしっかり者ですが、目先の利益にとらわれがちで、長い目を持って辛抱できないのがウィークポイントです。

プライドが高く勝ち気な性格のため、まわりと衝突しやすいところがあります。しかし、根っからの正直者なので人を裏切ったりできません。内面は感受性が鋭い寂しがり屋のため、ストレスが溜まりやすく傷つきやすいのが特徴です。

本質は、ちょっと見栄っ張りですが、幅広い知識と才能を持って、何事に対しても、積極的にアプローチしていく前向きなタイプです。

【人生における強みと得意分野】

・基本的に超プラス思考で、成功したいという願望を強く持てます。
・頭の回転が速く、推理、計算に強く、権威ある組織を創ることが得意分野です。
・物品購入の意思決定が速く、有名なもの、権威あるものを手に入れます。
・チャレンジ精神旺盛に物事にトライし、くじけず率先して行動します。
・好奇心が旺盛で可能性に挑戦する実践第一の行動派です。
・会社規模拡大や自分が成果をあげる可能性を徹底的に追求し、展開することが得意。市場の新規開拓や進出で大きな戦力になれます。

【人間関係】

自分自身が成長し、成功を手に入れるため、組織、派閥、偉い人、有名人、権威者、成功者、政治家、その道の大物と付き合いたい。円滑な人間関係を重視するので、やたらと本音を吐くことはなく、対人対応は建前中心となります。ただし、利害関係のない人には本音が言えるかもしれません。

【仕事観】

目標に到達するまで何度でもチャレンジする。

【金銭観】

計算能力は素早いが、頼まれごとに弱い。

【恋愛・結婚観】

行動的にさまざまな場所に出かけ、積極的に恋愛する／この人と決めたら一直線に押しの一手でゴールする

【好きなタイプ】

自分の心と直感を大切にしてくれる人／安心感を与えてくれる人／お互いの苦労をわかってくれる人／弱音を吐かず、いつも元気で輝いている人／国際性豊かな人／枠にはめない人

【この守護神の著名人】

酒井法子／紗栄子／鈴木保奈美／釈由美子／仲間由紀恵
押切もえ／友近／MISIA／渡辺直美

【あなたは人生をどう生きるべきか】（総括）

あなたは、清潔感があり、きりっとした雰囲気を持っている人です。根っからの正直者で、人を欺《あざむ》いたりすることはできない女性です。

「一を聞いて十を知る」くらい頭の回転が速く、何事に対しても動作が機敏で隙《すき》がありません。また、堅苦しいくらい几帳面で、物事をあきらめたり、曖昧《あいまい》にしたりすることを嫌います。

甘ったれたところがないかわりに、割り切りすぎてまわりから冷たく感じられることもあります。しかし、いろいろなことにチャレンジして、何とか物にしようと頑張り、明るく誰からも好かれます。一方で、早とちり、おっちょこちょいの失敗も多いようです。

ソツのない落ち着いた態度の裏に男勝りな野心と、負けず嫌いな一面が隠されています。そして、気が短く、感情に走りがちなタイプで、プライドが高いため、現実への不平不満も多いようです。

活発な行動を武器にうまく世渡りしていくしっかり者のあなたですが、目標が目先の利益にとらわれがちで、長い目で物事にあたることが苦手で、辛抱できないのがウィークポイントのようです。

そして、幅広い知識と才能を持って、積極的にアプローチしていく姿勢は素晴らしく、自分の人生を意欲的に生きようとする女性です。

また、表面的には円滑な付き合いはこなしていますが、好き嫌いは激しく、気の短い面もあります。また、機転を利かせてテキパキと行動していくタイプで勝気な性分なだけに、度が過ぎて感情的な結論や行動に走ってしまうことも少なくありません。

デリケートで感受性が鋭く、傷つきやすい面を持っていますが、ウジウジ、メソメソしたりするのは嫌いなので、立ち直りは早い傾向にあります。

そして、社会的な成功を求めており、大きな夢を持って、前向きに行動します。

利発そうな容姿が魅力的で、健康的な色っぽさやくったくのない明るさが人気のあなたは、自分で考えたとおりストレートに行動する傾向が強いため、時には気ままなお天気屋と思われることもあります。

とはいえ、思い立ったが吉日とばかりに、こうと思い込んだことは即実行に移す機敏さは、生き生きとして健康的な魅力を感じさせています。

好奇心が強く、何にでも挑戦しようとするバイタリティがあります。それは「目的を持って人生を歩みたい」という情熱の現れのようです。

人間関係では、自分中心になってしまいがちなのが欠点で、自分の考えを一方的にまくし立て、相手を傷つけてしまうことが無きにしも非ず。

悪気がなくても勝気さが表に出てしまうことがあります。まわりに対するライバル意識が強いために、ついつい言い過ぎてしまうことがあります。

ちょっと見栄っ張りなところは気になりますが、成功を夢見て努力する前向きな現代女性です。

［守護神からのメッセージ］

【和魂】（あなたの調子がいい時）

今が絶頂期です
・・・・・・・・・・・・・・・・・・・・・・・・・・・・・・・・
華やかで人生絶頂の時を迎えています。多くの異性からお誘いがあるでしょう。その中で素晴らしい出会いが待っています。更に子宝に恵まれることもあるでしょう。ただ、人は慎重に見極めましょう。

【荒魂】（あなたの課題点）

別離／それは必要な別れです
・・・・・・・・・・・・・・・・・・・・・・・・・・・・・・・・
あなたの些細《ささい》な言動や行動で、混乱を招くかもしれません。それは別れとしてやってくることもあります。人は変化を恐れ、受け入れるのに時間が掛かります。それは必然です。前に進むための準備をしてください。その先に新たな出会いが待っています。

【この神様が祀られている神社】

賣沼神社（鳥取県鳥取市）／都波只知上神社（鳥取県鳥取市）／島御子神社（長崎県対馬市）／御井神社　実巽神社（島根県出雲市）／実巽神社（島根県出雲市）／阿陀萱神社（鳥取県米子市）／八上姫神社（島根県出雲市）

ヤガミヒメとはどんな神様か

――正直で実直な神――

ヤガミヒメといえば、オオクニヌシの最初の妻です。

オオクニヌシの兄達である八十神が、美しい女神がいるらしいと話を聞きつけて、その女神に会いに行きます。しかしその道中、皮を剝《は》がれた兎に出会います。その兎が「因幡の白兎」です。

兄達はその兎に嘘をついて、いじめてしまいます。ところが後から通りかかったオオクニヌシが、その兎を治療し治してあげました。すると白兎は「ヤガミヒメ様は、心優しい貴方様をお選びになるでしょう」と予言しました。八十神がヤガミヒメに会うと、ヤガミヒメは、

「私は、あなた達の言うことは聞きません。私はオオクニヌシ様と結婚しようと思っています」

といいました。それを聞いた八十神は怒り狂い、オオクニヌシを何度も殺してしまいます。

「このままいると、あなたは本当に殺されてしまう」と母親にいわれたオオクニヌシは、出雲国のスサノオのところに身を隠します。オオクニヌシは、ヤガミヒメと暮らすことなく、そのままヤガミヒメを因幡国に置いて去らなければならなくなりました。そして、オオクニヌシが出雲に入った時、ある美し

い女神と出会います。それがスサノオの娘、スセリビメで、二人は惹《ひ》かれ合い結ばれます。

スサノオの命でオオクニヌシが国作りを行っていた頃、ヤガミヒメはオオクニヌシの子供を身籠っており、臨月に近づいていました。そのことをオオクニヌシに知らせるため、ヤガミヒメは出雲国まで訪ねてきました。それに嫉妬したのが気が強いスセリビメです。

ヤガミヒメはスセリビメのいじめにあい、耐えられなくなってしまいオオクニヌシの元を去ってしまいました。その道中、生まれた子供を木の枝に掛け、因幡に帰ってしまったのです。

なぜ、ヤガミヒメはこんな運命になったのでしょうか？　もし、八十神を見たときに、どんな神様達なのか察することができたら、「あなた達とは一緒にならない」なんてことはいわなかったはずです。

なぜなら、その言葉がきっかけで、オオクニヌシは八十神に何度も命を奪われてしまうからです。

つまり、人の気持ちや言動に気配りをしていたら、こんな結末になっていたでしょうか？

このお話では、一見、いじめられ、追い帰されたヤガミヒメが可愛そうに見えます。しかし、問題は常に一歩手前にあるのです。ヤガミヒメは決して悪気はなかったはずです。それでも、このような事態になったのはどうしてなのでしょう……。

美しさ故に、まわりがチヤホヤし過ぎて、人のささいな気持ちを察することができなかったのかもしれません。たった一言、たったひとつのことで、人生を左右する出来事が起きてしまいます。それをヤガミヒメの物語で読み解くことができます。

イザナミノミコト（伊耶那美命）

タイプは【天－3－女】（パー）

いつも魅力的で愛情深く、自分の理想に向かって積極的に行動するあなたの素質は、イザナキ（ノミコト）と多くの神生みを行ない、熱烈な愛を追い続けたイザナミ（ノミコト）です。

【この守護神の特徴】

〈和魂〉（あなたの強み）
礼儀礼節を重んじる／細かいところまで気がつく／さっぱりして明るく品がある／堅実で弱音を吐かず忍耐強い／客観的・健全・常識的

〈荒魂〉（気をつける点）
すべてを自分でやろうとする／謙遜、遠慮して本音をいわない／徹底的なこだわりが頑固に見える／甘えん坊でもあるが、甘え下手／融通が利かず、警戒心が強い

【あなたの素質】

礼儀・身だしなみを大切にし気品を感じさせる女性です。また、どんなに辛くても愚痴をこぼすことなく努力する精神的な強さを持っており、まわりからも必要とされます。

他人に干渉されることを嫌い、感情的になることは少なく落ち着いた賢さを感じさせます。そして、時折見せるクールさや近づきにくい雰囲気は、弱みを知られたくないプライド・警戒心の強さで壁を作ってしまうからです。

何事も一〇〇%を目指す完璧主義者のあなたは、相手にミスや欠点があると厳しく責めてしまいます。また、特別扱いやおだてには弱く、謙遜しつつもすっかり舞い上がってしまうところがあります。そのため、頼まれたら断れない特徴があります。

本質は思いやりがあり、愛情深いつつましい女性です。

【人生における強みと得意分野】

・世間体を大切にします。
・権威を重んじ、成功願望をとても大切にします。
・頭の回転が速く、推理、計算に強く、権威ある組織を創ることです。
・有名なものや権威あるものを手に入れることを、商品購入の優先順位にします。
・何事も完璧を目指しきちんとやり遂げます。
・自分に対しても他人に対しても厳しく、確固たる信念のもと我慢強く対応していきます。
・謙虚な姿勢で、慎重に言葉を選びます。
・誰もが認める自分（自社）になるために、完璧な組織を創る役割を担います。

【人間関係】

自分自身が成長し、成功を手に入れるため、組織、派閥、偉い人、有名人、権威者、成功者、政治家、その道の大物と付き合いたいと考えます。人間関係を重視するので、本音をいうことはなく、対人対応は建前中心となります。ただし、利害関係のない人には本音がいえるかもしれません。

【仕事観】

責任感があって細かい目配りができるので、一人でやるよりも、組織やチームプレイで仕事を拡大する。

【金銭観】

他人と一緒にいると気前よく使ってしまうが、実は質素で節約家タイプ。

【恋愛・結婚観】

プライドが高く慎重派のため、要領はよくないが、ムード作りでリードしていく／完璧主義で気を使う分、家庭内では気を張らずに甘えたい

【好きなタイプ】

自分の心と直感を大切にしてくれる人／苦労をわかって、安心感を与えてくれる人／弱音を吐かず、いつも元気で輝いている人／国際性豊かな人／束縛したり、枠にはめたり

しない人

【この守護神の著名人】

谷亮子／柴咲コウ／吉田沙保里／桜田淳子／福原愛

オノ・ヨーコ／マリリン・モンロー

【あなたは人生をどう生きるか】（総括）

あなたは、几帳面で身だしなみも良く、清楚《せいそ》で気品のある礼儀正しい女性です。人を不快にするようなことがなく、控えめな女性として評価も高いでしょう。親切な姿勢を崩すことのない女性です。また、客観的に物事をこなす能力があります。

一方、さっぱりと明るい態度の中に、気位の高そうな近寄りがたさはあるものの、人との付き合いをおろそかにしない、誉め上手の明るく親切な女性です。

しばしば、適当に相手に合わせるような表面的な対応をすることがあります。自分の考えや感情を表立って伝えることはめったにありません。

一人で何でもこなしていくだけに、相手のミスや欠点に厳しく、なかなか許そうとしないところがあります。しかし、女性にありがちな甘えや逃げもなく、忍耐強く堅実に生きるタイプのようです。

基本的には、健全、標準、常識的でいつもキチンとしています。冷静に相手を観察する態度には自信を持っており、落ち着いた賢さを感じさせています。

警戒心の強さが邪魔をして、心から開放的になれないあなたは、自分の弱みを知られたくないプライドの高さからか、いまひとつ柔軟さに欠けるようです。いつも優等生で賢く、ミスが少ない生き方が、「融通が利かなさ」、「理屈っぽさ」になってしまう面があります。

感情に左右されにくく、いつでも第三者的な立場で、状況分析のできる理性的な女性であるようです。また同時に、規範となるような行動をしようとする優等生で、いつも間違いのない自分でありたいと思っています。

あなたは、恥をかきたくないため、何事も基本に忠実なやり方を心がけ、感情もコントロールできる冷静さがあり、ミスをしないよう慎重に対処します。さらに、我慢の足りない人は相手にしない厳しさがあり、誉め上手ですが、自分もおだてに弱いようです。

そして、いつも愛想よく振る舞いながらも、必要以上になれなれしくすることはなく、女性らしい温かみに乏しい面もあります。

あなたは、「ここまで」と決めたら妥協することなく、根気よく相手とやりとりしながら、自分の考えを通します。

また、ひたすら努力を重ね、つらい立場で苦労が多くても、愚痴をこぼさない忍耐力は見事です。あまりにも理性的過ぎて、他人と心から親しめない面がありますが、本当は甘えん坊でつつましい女性でもあるようです。

[守護神からのメッセージ]

【和魂】(あなたの調子がいい時)

真実の愛/新しい命を授かります

……………………………………

あなたに足りないものを補ってくれるものが現れるかもしれません。その中心に愛を置くことでバランスが整い、何もかもうまくいきます。また、相手を尊重し一歩下がればさらにうまくいきます。失敗しても修正することで問題はなくなります。

【荒魂】(あなたの課題点)

疑いは禁物/心を失っています

……………………………………

こうでなければならない、という拘《こだわ》りを人に向けず、あなたらしさを取り戻しましょう。真実が見えなくなっています。一時的な感情で判断しないようにしましょう。感情による言葉ではなく、愛による言葉を選んで伝えましょう。

【この神様が祀られている神社】

伊弉諾神宮(兵庫県淡路市)/比婆山久米神社(島根県安来市)/揖屋神社(島根県松江市)/花窟神社(三重県熊野市)/熊野大社(島根県松江市)/神魂神社(島根県松江市)/伊佐奈弥宮(三重県伊勢市)/三峯神社(埼玉県秩父市)/多賀大社(滋賀県犬上郡多賀町)/筑波山神社(茨城県つくば市)/熊野神社(千葉県四街道市)/飯盛神社(福岡県福岡市)/佐太神社(島根県松江市)/伊射奈岐神社(大阪府吹田市山田東)/伊射奈美神社(徳島県美馬市)/鷲尾愛宕神社(福岡県福岡市)/熊野神社(広島県庄原市)/愛宕神社(京都府京都市右京区)/愛宕神社(京都府亀岡市)他、全国の愛宕神社

イザナミノミコトとはどんな神様か

――命と引き換えに神を生んだ女神――

イザナミは愛に生きた女神です。イザナミは、初めての契《ちぎ》りの際、あふれる想いを止められず「何て素敵な殿方でしょう」と、女神であるイザナミ自ら、そう先に告げてしまいました。その結果、最初に生まれた子はヒルのような姿だったため、海に流してしまいました。

その後、男神であるイザナキから声をかけられ、二人は深く愛し合い、多くの子を生みましたが、炎の神を生んだ時の火傷がもとで黄泉《よみ》の国へ逝《い》ってしまいます。イザナミが黄泉の国で、生の終わりを迎えようとしていたその時、建物の前には妻を迎えに来た夫の姿がありました。イザナミを連れ戻しに来たのです。

しかし、彼女はすでに黄泉の国の食べ物を口にしていたので、戻りたくても戻ることができませんでした。それでも夫であるイザナキは諦めません。またイザナミも、できることなら今すぐにでも愛する夫に会いにいきたかったのです。

そこでイザナミは、夫に「黄泉の国の神様に交渉するので絶対に中を覗《のぞ》かないで欲しい」と頼みました。しかし、一向に戻る気配のないことにしびれを切らしたイザナキは、会いたい想いを抑《おさ》えられず、約束を破って中を覗いてしまったのです。

するとそこにはウジが湧いたイザナミの姿がありました。イザナキはあまりの驚きに思わず音を立ててしまい、それに気づいたイザナミは、約束を破ったことに激怒します。

黄泉の国の出口まで逃げたイザナキは、大きな石で出口を塞ぎ、イザナミに別れを告げますが、それを聞いたイザナミの怒りは頂点に達しました。イザナミは「お前がそうするならば、そちらの国の人間を一日千人殺してやる」といいました。

それに対してイザナキは「それならば、一日千五百人生む」と抵抗しました。ここから、人の「生」と「死」が生まれたといわれています。

イザナミは夫を心から愛していました。愛していたからこそ、約束を守ってほしかったし、醜い姿も見られたくなかったのです。しかし、その気持ちを察することができなかった夫から、別れを告げられてしまいました。

これは、人間社会でもよくある話です。はじめはボタンの掛け違いでも、悪いことだけに意識を奪われ、そのことしか見えないまま行動することで、次々に悪い事態を招いてしまいます。さらにそれも、つながりが深ければ深いほど、問題も深刻になるのです。

スセリビメ（須世理姫）

タイプは【天-4-女】（パー）

意志が強く何事にも熱心に取り組み、コツコツと努力を続けるあなたの素質は、オオクニヌシとスサノオから愛されたスセリビメです。

【この守護神の特徴】

〈和魂〉（あなたの強み）

ハツラツとした雰囲気／根性があり人一倍の努力家／決断が速く思ったら一直線／甘えがなく辛抱強い／世話好き

〈荒魂〉（気をつける点）

割り切りが早くあきっぽい／話が大きい／喜怒哀楽が激しい／人より負けん気が強い／人の話を聞かない

【あなたの素質】

明朗活発でスポーティなあなたは、人目を引く雰囲気を持っています。

喜怒哀楽が激しいですが物事にこだわらない性格のため、次の日には何事もなかったかのように割り切ることができる強さを持っています。

プロ意識が高いため、甘えることなく積極的に目標に向かってコツコツ努力し続けます。

しかし、一途になりすぎてのめり込むと、人の意見に耳を貸さなくなり「頭が固すぎる」といわれてしまうことがあります。

また、漠然とした不安感を抱えることがありますが、その不安な気持ちをエネルギー源にして陰で一生懸命頑張ります。

人に任せることが苦手で、何でも自分の手でこなそうとします。

その結果、いろいろなことを抱え込みすぎてやることが粗削りになることも少なくないようです。

負けん気が強く意地っ張りですが、一方で涙もろく愛情豊かで、周囲からも信頼される努力家です。

【人生における強みと得意分野】

社会的に正統な権威を誇っているものや誰もが評価する成功への素直な願望の強さが強みです。

物品購入の意思決定（優先順位）が早く、有名なものや権威あるものを手に入れます。

不言実行、やるべきことをきちんとやって、努力と根性で道を切り開いていきます。

妥協を許さない厳しいプロ意識を持っており、展開すること、権威ある組織を創り拡大することが得意分野です。

生きるための器用さや多様性があるため、頼りになります。

【人間関係】

自分自身が成長し、成功を手に入れるため、組織、派閥、偉い人、有名人、権威者、成功者、政治家、その道の大物と付き合いたい。

人間関係を重視するので、めったに本音を吐くことはなく、対人対応は建前中心の対応となります。

ただし、利害関係のない人には本音がいえるかもしれません。

【仕事観】

今日の可能性を最大限に考えて、行動し努力する。

【金銭観】

基本的には節約家だが、自分を高める資格には投資する。

【恋愛・結婚観】

自由にやって他人からは干渉されたくない。体よりも心の繋がりを大切にする／経済面、精神面とも安心できる人。家庭人でありたい

【好きなタイプ】

自分の心と直感を大切にしてくれる人

束縛しない人／お互いの苦労をわかってくれ、安心感を与えてくれる人／弱音を吐かず、いつも元気で輝いている人／国際性豊かな人

【この守護神の著名人】

和田アキ子／小泉今日子／吉永小百合／松任谷由実

ブルゾンちえみ／高島礼子／キンタロー。

ジャネット・ジャクソン／アンジェリーナ・ジョリー

【あなたは人生をどう生きるべきか】（総括）

心配性な性格で、自分のことで手が一杯になり、人にかまっている余裕がなくなることがしばしばあります。自分が安心できる状況になるまで、懸命に行動します。

何かに打ち込んだり、のめり込んだりしないと、不安で押し潰れそうになります。あなたは、口でいうよりは、まず実践、行動という人間です。そして妥協できない性格のため、どんなことでも手当たり次第にやってみたり、試してみたりする行動につながっていきます。

また、与えられた仕事を黙々とやり遂げることに、生きがいを感じており、他人にもそれを求めます。あなたは記憶力に優れており、一度耳にしたこと、目にしたことは身体で吸収して覚えてしまいます。

さらに、周囲との協調を大切にし、人見知りもしませんが、他人への甘えや依存はなく、境界線をしっかり引いています。

あなたは、起こっている問題を見つけ出し、提起するのが抜群にうまいのですが、解決するのは得意ではありません。特に、パニックに陥ると、どうでもいいような問題を持ち出し批判をはじめます。

あなたは、「後がない」という精神性で物事に取り組むため、無駄口や弱音を吐く人を嫌い、「早く、早く」と他人を責めてしまったりすることがあります。

そしてあなたは、「もっと落ち着いたら」とよくいわれます。また、長期的視野で物事を考えたり、現実とはかけ離れた希望やロマンをイメージしたりすることが不得手です。

妥協できない性格のあなたは、その日の仕事はできるだけその日のうちにすませないと気がすみません。そのため、残業も平気です。

また、プロ意識が高く、キチンとけじめをつけるので仕事に波がありません。ですから、顧客の仕事を期日前に仕上げようとするのでまわりからは可愛がられます。

人生に求めるのは、プロ意識、達成感、権力、多角化です。現場の最前線で専門性を考えて、事業の成功や自分の

大きくなる可能性を拡大するために、根回し的役割が適任です。不言実行でプロ意識が強く、努力と根性で妥協を許さず完璧にこなしていきます。また、ライフスタイルが規則的なため、単調な仕事の持続性が高いのも特徴です。あなたはマネジメントにおいては、まずリスク軽減を優先するタイプで、コストパフォーマンス優先型です。

［守護神からのメッセージ］

【和魂】（あなたの調子がいい時）

永遠の愛／愛に包まれます
・・・・・・・・・・・・・・・・・・・・・

身近な人から一身の愛を受け取る時です。その揺るぎない絆の中で愛を育むことができるでしょう。また、枠にはめられることなく、自由を手に入れることができます。拘りを捨て、何事にも豊かな発想で取り組むと良いでしょう。

【荒魂】（あなたの課題点）

依存からの脱却／心を鎮めましょう
・・・・・・・・・・・・・・・・・・・・・

自分に向けられた真心が他に向けられることで嫉妬心が生まれるかもしれません。我が強くなっていませんか？　他人のせいにしていませんか？　自分中心に物事を考えがちです。心が乱れ、せっかく築いた絆を自ら壊してしまうかもしれません。冷静に心を鎮め、依存から脱却しましょう。

【この神様が祀られている神社】

出雲大社内大神大后神社（島根県出雲市）／春日大社内夫婦大国社（奈良県奈良市）／國魂神社（福島県いわき市）／那売佐神社（島根県出雲市）／備前国総社宮（岡山県岡山市）／備中国総社宮（岡山県総社市）／八坂神社（京都府京都市東山区）／大名持神社（奈良県吉野郡吉野町）／玉若酢命神社（島根県隠岐郡隠岐の島町）／由良比女神社（島根県隠岐郡西ノ島町）／勝占神社（徳島県徳島市）／大神山神社内朝宮神社（鳥取県米子市）／多居乃上神社（鳥取県鳥取市）／佐毘賣山神社（島根県大田市）

スセリビメとはどんな神様か

――愛を一身に受けた女神――

スセリビメはスサノオの娘であり、オオクニヌシの奥さんです。スセリビメはスサノオが溺愛《できあい》した娘で、オオクニヌシの心を一目で奪った女神です。

オオクニヌシが、兄たちから身を隠すために出雲の地に入ると目の前に現れたのがスセリビメです。オオクニヌシは、スセリビメを見ると一目で心を奪われてしまいます。

オオクニヌシは、スセリビメを妻に迎えたいとスサノオに告げますが、スセリビメを溺愛していたスサノオがすんなり受け入れることはありませんでした。スサノオはオオクニヌシにさまざまな試練を与えます。その度にスセリビメがオオクニヌシを助けます。

スセリビメはスサノオによく似て気性が激しく、おてんば娘です。スセリビメの「スセ」とは「進む」という意味。または、「荒ぶ（すさぶ）」という意味があります。スサブといえばスサノオです。

また、「六月大祓《おおはらい》の祝詞」に登場する「根国底国（ねのくにそこのくに）に坐す速佐須良比売（はやさすらひめ）」はスセリビメと同神であるとしています。実はスサノオの本当の名前はタケハヤスサノオノミコトです。スサノオにハヤという文字が入っていることから、「荒ぶるスサノオのヒメ」と考えるのが妥当です。

このように、スサノオの娘だけあり、「荒ぶる女神」なのです。

父であるスサノオを恐れることなく、オオクニヌシと力を合わせ、試練を乗り越えます。最後はスサノオを騙し、駆け落ちしようとします。

絵に描かれている腰には生大刀（いくたち）と生弓矢（いくや）、天詔琴（あまののりごと）。これは駆け落ちする際にスセリビメが身につけていたものです。それを見たスサノオはオオクニヌシの知恵とたくましさを認めます。さらにスセリビメの愛の強さに根負けし、二人の結婚を許します。

オオクニヌシはスセリビメを本妻として迎えますが、最初に結婚したヤガミヒメはその時、オオクニヌシの子を身ごもり臨月を迎えていました。ヤガミヒメはオオクニヌシの元を訪ねます。しかし、嫉妬深いスセリビメを恐れ、ヤガミヒメは帰ってしまいます。

スサノオに溺愛されて育ったスセリビメ。そのために、少々のわがままも許され、伸び伸びと育ったことでおてんば娘に成長しました。

愛を一身に受け、独り占めしていたその愛を他に向けられるのは耐え難い。愛が自分に向いている時は健気《けなげ》でも、他の者に向くと牙を剝《む》く。まさに女心をそのままに生きた神様だともいえます。その後も、オオクニヌシは多くの女神と結ばれます。その度にスセリビメは牙を剝いたに違いありません。

小坂達也（こさか・たつや）
1968年、長崎県生まれ。『古事記』に由来する日本の神さまを研究し、WEBサイト「神道の心を伝える」をはじめる。年間約300以上の講演を中心に、日本の神さまの素晴らしさ、大切さを伝えている。また、統計学に基づいた八百万の神開運暦を開発、多くの人の絶大な支持を受けている。
神道の心を伝える　https://shinto-cocoro.jp/

あなたの守護神《しゅごしん》教《おし》えます　日本《にっぽん》の神《かみ》さま開運《かいうん》BOOK

平成31年３月10日　初版第１刷発行
令和３年10月20日　　　第６刷発行

著　者　小《こ》坂《さか》達《たつ》也《や》
発行者　辻　浩明
発行所　祥《しょう》伝《でん》社《しゃ》
〒101-8701
東京都千代田区神田神保町3-3
☎03（3265）2081（販売部）
☎03（3265）1084（編集部）
☎03（3265）3622（業務部）
印　刷　萩原印刷
製　本　ナショナル製本
カバー・本文デザイン　稲野 清（ビー・シー）

ISBN978-4-396-61682-3　C0095
祥伝社のホームページ・www.shodensha.co.jp